Anonymous

Leben und Geschichte Kaiser Joseph des Zweiten

5. Teil

Anonymous

Leben und Geschichte Kaiser Joseph des Zweiten
5. Teil

ISBN/EAN: 9783743437500

Hergestellt in Europa, USA, Kanada, Australien, Japan

Cover: Foto ©ninafisch / pixelio.de

Weitere Bücher finden Sie auf **www.hansebooks.com**

Leben und Geschichte
Kaiser
Joseph des Zweiten.

Fünfter und letzter Theil.

Amsterdam.

Die Prälatur Lilienfeld ward, mit Anfang des 1789. Monats März, auch aufgehoben, und alle Güter wurden verkauft. Se. Majestät geruheten mildest zu entschließen, daß auch jene Individuen, welche nur Provisionen genießen, und über 40 Jahr dienen, gleich den Beamten die ganze Provision bey ihrer Jubilirung zu genießen haben.

———

Nach des Freyherrn von Schmiedburg Statistick, hatte Böhmen und Steyermark, im Anfang dieses Jahres 1789, gerade eben so viele Einwohner, als alle zu Schweden gehörige Länder; nämlich Böhmen zählte 2 Millionen 300,000, und Steyermark 800,000, also Schweden 3 Millionen 100,000 Böhmen trägt seinem Regenten 16 Millionen Gulden, Schweden aber seinem Reiche nur die Hälfte dieser Summe ein. Steyermark und Krain zusammengenommen, geben dem Landesfürsten so viel Einkünfte, als das große nordische Reich dem seinigen gibt. In den 62 noch in Böhmen bestehenden Klöstern zählte man, nach dem neuesten Verzeichnisse, 805 Mönche, und in den 5 Frauenklöstern 115 Nonnen, also 920 Klosterleute beyderley Geschlechts.

1789. In ganz Steyermark betrug im abgewichenen Jahre die Zahl der Gebornen 10,139, der Gestorbenen 22,441 und der getrauten Paare 5026. Vergleicht man diese Angaben mit dem Jahre 1787, so findet man in dem vorigen Jahre 6071 Geburten, 8566 Todesfälle und 1480 Trauungen weniger.

Unter dem 29sten Jänner erging die höchste Entschliessung: daß Schenkungen, Vermächtnisse oder Erbschaften, die unehlichen Kindern von ihren Aeltern, oder den Aeltern von unehlichen Kindern, entweder durch letztwillige Anordnungen, oder gesetzliches Erbrecht zufallen, für die Zukunft ebenfalls, wie es bey den eheleiblichen Aeltern und Kindern beobachtet worden ist, ohne allen Unterschied von der Erbsteuer ganz frey seyn sollen.

Der K. K. bevollmächtigte Minister zu Mayland, Herr Graf von Wildscheck, kam vor einiger Zeit nach Neapel. Die Königin, eine Schwester des Kaisers, lud den Minister zur Tafel ein, samt dem Kardinal von Neapel. Eben als man sich setzen wollte, bemerkte der Graf, daß der Kardinal den Vorrang genommen. Er erklärte sogleich mit vieler Würde, daß ein K. K. Minister einem Kardinal nicht nachstehe; sondern vielmehr vor solchem den Vorzug habe, und entfernte sich sogleich. Die Königin, höchst aufgebracht über dies Benehmen, sandte sogleich einen Kourier an ihren Bruder, den Kaiser. Der Minister that ein Gleiches.

ches. Allein der Kaiser billigte das Benehmen
seines Ministers; und Graf Wildscheck erhielt,
statt eines Verweises, ein Belohnungsdekret.

Neue nützliche Erfindung, unter Josephs II. Regierung.

In einem österreichischen öffentl'chen Blatte, las man, unterm 7ten März d. J. folgenden nützlichen, und besonders für die Liebhaber der Gärtnerey interessanten Aufsatz über die Frostableiter: „Schon im April v. J. haben wir dieser Ableiter von der Erfindung des Herrn Gubernialraths und Kreishauptmanns, Ritters von Bienenberg, erwähnt, der uns jetzt zum Besten der Menschheit den Abriß samt der Beschreibung mittheilte. Diese Frostableiter sind Stroh- oder Hanfseile. Sie werden um den Stamm des Baumes geschlungen, und mit ihren Enden in die mit Brunnenwasser gefüllten Geschirre (sie mögen gemeine hölzerne Wasserkannen, Bodinge, oder was immer seyn) eingesenkt, doch so, daß sie nicht über dem Wasser schwimmen, sondern in demselben eintauchen, welches mittelst eines am Ende angebundenen Steines geschehen kann. Diese Ableitung kann von mehreren neben einander stehenden, oder an Trillagen gezingelten Bäumen in ein einziges Gefäß geschehen, jedoch unter der Vorsicht, daß die Geschirre frey, und nicht etwa von den Aesten des Baums bedeckt stehen, damit der Frost ohne Hinderniß nach dem Ableiter in das Geschirr wirke,

1789. und somit von dem Wasser angezogen werde. Diese Vorsorge ist vorzüglich für das Frühobst, und jene Bäume nöthig, deren Blüthe im Frühjahre mit den Blättern zugleich, oder auch allein treibt, und im Monat März und April dem Erfrieren ausgesetzt ist. Herr von Bienenberg hat diesfalls Proben gemacht; vorzüglich haben im Jahr 1787 seine Marillen an Trillagen zeitlich im Monate März zu blühen angefangen, denen er sogleich die Ableiter anhing. Es fielen 6 bis 8 Nachtfröste ein; demohngeachtet blüheten sie fort, setzten Obst an, und er genoß die Freude auf dieser Gartenseite von 7 Bäumen 16 Schock schöne und wohl ausgereifte Marillen aufzulösen, wo doch zu gleicher Zeit in andern Gärten alle Marillenblüthe erfroren war.

Se. Majestät der Kaiser befahlen durch ein Hofdekret vom 16ten dieses Monats März, daß die Ausfuhr der Ungarischen, Gallizischen und aller Erbländischen rohen Tobacksblätter für heuer, und so lange es die Umstände fordern, (jedoch mit Ausnahme dessen, was über die freyen Seehäfen ausgeführet werde) alsogleich, und von nun an unter Konfiskationsstrafe verboten, und lediglich die Ausfuhr des fabricirten Gefälltabacks, worunter auch der zermahlene oder sogenannte Tabacksstaub zu verstehen ist, zu gestatten sey.

Die Anzahl der seit dem Ausbruche des Krieges bis zum Monat März d. J. aus dem Türkischen Gebiete im Bannat eingewanderten Personen belief

lief sich, nach einem in der Pester Zeitung vom 1789. 12ten März erschienenen Verzeichnisse, auf 11.859. Davon waren 6177 männlichen, und 5682 weiblichen Geschlechts. Sie brachten, außer baarem Gelde, mit sich: 894 Stück Pferde, 64 Füllen, 768 Ochsen, 723 Kühe, 99 Kälber, 151 Rinder, 194 Stück Borstenviehs, 710 Ziegen, 3667 Schaafe und 364 Wagen. Von diesen Einwanderern sind ansäßig gemacht worden im Illyrischen Regimentsbezirke 5762, in der Torontaler Gespannschaft 4999, und in der Temeschwarer 1098. Diejenigen, welche ferner ankommen möchten, werden in entferntere Gespannschaften versetzt. Noch ungleich beträchtlicher ist die Anzahl derjenigen Einwanderer, die nach Slavonien, Kroatien, und nach Siebenbürgen gekommen sind, und dort Kriegsdienste genommen oder Ansäßigkeiten erhalten haben.

———

Die Revenüen des Kaisers, welche die Kontribution, Bergwerke, Salinen und andere Regalien einbrachten, betrugen im vorigen Jahre 100 Millionen, 400,000 Gulden, und zwar die Einkünfte aus Ungarn, Kroatien und Slavonien 16 Millionen, aus Niederösterreich und Wien 16 Millionen, aus Böhmen 14,500,000 Gulden, aus den Niederlanden 7,500,000 Gulden, aus Mähren 6 Millionen, aus Steyermark 6 Millionen, aus der Lombardey 6 Millionen, aus Oberösterreich 5,500,000 Gulden, aus Gallizien 4 Millionen, aus Siebenbürgen und der Buckowina 4 Millionen,

1789. nen, aus Tyrol und den Vorarlbergischen Herrschaften, 3,600,000 Gulden, aus Innerösterreich 2,70,000 Gulden, aus Krain, Friaul und Triest 2,500,000 Gulden, aus Kärnthen 2,500,000 Gulden, aus Schlesien 600,000 Gulden.

Se. Majestät befahlen durch ein Hofdekret vom 3ten Febr. nachfolgende Waaren außer Handel zu setzen: Batist, baumwollene gestrickte Waaren, weiße und gefärbte; Linon, glatten, gestreiften und geblumten; Musselin, gestreiften und geblumten. Von der Niederösterreich. Landesregierung ward daher bekannt gemacht, daß die Einfuhr von dergl. Waaren zum Handel künftig bey Konfiskationsstrafe verboten sey, und dazu keine Pässe an Handelsleute werden ertheilt werden; in Ansehung der auf gestrickte baumwollene Waaren etwa gemachten Bestellung aber hätten dieselben sich binnen 8 Tagen nach Bekanntmachung dieser Verordnung bey der nächsten Zollbehörde auszuweisen. Wenn Privatpersonen von der Landesstelle gestattet würde, etwas von dergleichen Waaren zu ihrem eigenen Gebrauche in einer ihren Umständen angemessenen Menge einzuführen, so sey dafür nachfolgende Zollgebühr zu entrichten: vom Pfund Batist 12 Gulden; vom Pfund baumwollener gestrickter Waare 1 Gulden 12 Kr., vom Pfund Linon 12 Gulden, und vom Pfund Musselin 22 Gulden.

Joseph

Joseph II. belohnte Verdienste nach Würden reichlich. 1789.

Dem Administrator der Kaiserl. Königl. Kameralgüter in Mähren, Freyherrn von Baschnitz, welcher in seinem Posten sich durchaus treu und nach seiner Pflicht aufgeführet, ließ der Monarch, in diesem Monat März, die Summe von 30,000 Gulden anweisen, in Begleitung der huldreichen Ausdrücke: Nicht zum Geschenk, sondern zur Belohnung — und erließ zugleich darneben an den Böhmisch-Oesterreichischen Obersten Kanzler, Grafen von Kollowrath, folgendes Handschreiben:

„Da ich mit der ausgezeichneten Verwendung
„des Baron Baschnitz in den vielen seiner Oblie-
„genheit anvertrauten Verrichtungen, und vor-
„züglich in dem gegenwärtigen in Ausübung ge-
„langten neuen Rektifikations-System zufrie-
„den zu seyn alle Ursache habe, so finde Ich mich
„bewogen, ihm und seiner Familie dafür ein
„Merkmal Meiner Erkenntlichkeit dadurch zu-
„zuwenden, daß Ich ihn von der Zurückzahlung
„der auf den Ankauf seines Guts Zdiclaw ξ ihm
„von dem Aerario vorgestreckten Betrags enthe-
„ben, folglich die ganze Schuld nachsehen will,
„welches Sie ihm also eröfnen und zugleich die
„hierauf ausgestellte Obligation zurückstellen
„werden. Wien, den 21sten Hornung 1789.
                                    Joseph."

1789. Die eingezogenen geistlichen und Kammeralgüter betrugen, Anfangs April, in den gesammten Kaiserl. Königl. Staaten, dem gemachten Ueberschlag gemäß, 105 Millionen Gulden. Sie sollten theils verkauft, theils in Erbpacht oder in zeitliche Pachtung gegeben werden.

Als jemand, Anfangs des Aprils, dem Kaiser vorstellte, der gefährlichste Feind, den er zu bekämpfen habe, sey seine Krankheit, so versetzte der Monarch: „Dieser Feind greift nur meine „Person an, und kann mich überall, hier und „bey der Armee finden: der andere aber greift „meine Staaten und meine Unterthanen an, und „da muß ich für deren Sicherheit, sorgen. Hein= „rich der Vierte von Frankreich sagte mit seinem „gewöhnlichen Schwur: Ventre Saint gris: Wer „mein Volk angreift, greift mich an."

In Gallizien waren in dem verflossenen Jahre 1788 geboren worden 110534 Christen und 6391 Juden; gestorben waren 86048 Christen und 5828 Juden. Man berechnete die ganze Volksmenge dieses Königreichs auf 3,290434, worunter 199,735 Juden begriffen sind. Man zählte 103 Städte, 201 Marktflecken, 5716 Dörfer, und 1937 Dominien.

In Wien wurde, Anfangs April, von allen 1789. Kanzeln verkündiget, daß, da die Fleischer nicht mehr das Fleisch um 5 und ein halben Kreuzer auswägen wollten, es jedermann erlaubt seyn sollte, er möge ein Christ oder Jude seyn, Fleisch zu verkaufen.

Zu eben dieser Zeit wurde auch die Erbsteuer= kommission in Böhmen mit dem Gubernium ver= einiget.

Joseph der Zweyte war unabläßig besorgt für das Schicksal seiner armen gefangenen Officiere und Soldaten in Konstantinopel. Anfangs April gab er dem Kammer=Zahlamte Befehl, aufs neue 15000 Gulden an einen Wechsler der dortigen Hauptstadt für selbige zu remittiren. Dieß war nun schon die dritte Remesse. Das erstemal erhiel= ten sie 1000 und das zweytemal 12000 Gulden; so, daß also für ihre dringendsten Bedürfniße ge= sorgt war; denn gegen alles Völkerrecht mußten sie jeden Schatten von Freyheit mit schwerem Gelde erkaufen. Die türkischen Kriegsgefange= nen hingegen mußten es rühmen, daß sie von ih= ren Siegern aufs großmüthigste behandelt und versorgt wurden. Der Sultan hatte ihrer ganz vergessen; ja es ist wahrscheinlich, daß er nicht einmal wußte, was er in dem vorigen Feldzuge an Land und Leuten eigentlich verloren hatte. Denn noch unlängst, und nach dem Verluste von Du= biga, Novi, Schabatz, Chotym, Oczakow und der ganzen Moldau, nannte er sich einen Sieger der Christen.

1789. Am grünen Donnerstage dieses 1789sten Jahres erschienen, statt der bey Hofe sonst gewöhnlichen Fußwaschung, bloß 12 alte Männer, vom Kaiser bekleidet und beschenkt. Ihr Alter betrug zusammen 1024 Jahre; sie wohnten dem Gottesdienste in der Schloßkapelle bey. Der Aelteste von ihnen war ein Greis, der am Montage sein hundertes Jahr erreicht hatte. Der Kaiser ließ ihn unter dem Gottesdienste bey sich hinknicen, beschenkte ihn und bestellte ihn den Dienstag zu sich, um ihn malen zu lassen. Der Alte, entzückt über die Gnade des Monarchen, sagte innigst gerührt: „Gott! werde ich auch den Dienstag erleben dürfen?"

Als die Aerzte des Kaisers, bey gehaltenem Rath, über die kritische Krankheit, selbst verzweifelten ihn dießmal zu retten, indem seine Konstitution durch die Fatiguen des letzten Feldzugs zu sehr erschöpft sey, sagten Se. Majestät noch bey der letztern Cour über den gehaltenen Rath Ihrer Aerzte selbst fast scherzweise: „Sie könnten ih=
„rem Rath wohl folgen, wenn von Arzneyneh=
„men die Rede sey, welches Sie immer gern thun
„würden; aber nicht so wäre es, wenn man Ih=
„nen vorschreiben wolle, sich von Sachen zu ent=
„halten, woran er gewöhnt sey, wie zum Bey=
„spiel von seiner gewöhnlichen Arbeit, und am
„Ende wäre es völlig einerley, ob er zu Wien
„oder zu Ofen und Semlin huste und krank sey."

1789.

Bey Eröfnung des Feldzuges gegen die Türken kam an die Regimenter eine Verordnung, vermöge welcher sich diejenigen Individuen melden könnten, die gegen die Türken dienen wollten. Bey dieser Gelegenheit meldete sich auch ein Gemeiner des zu Prag in Garnison liegenden Franz Grafen Rinskyschen Infanterie-Regiments, der aus dem Reiche als Rekrut kam, und dessen Vater schon im Türkenkriege vom Jahr 1739, als Belgrad an die Türken überging, diente, mit dem Bedeuten: „Mein Vater hat Belgrad verlieren „helfen, und ich will es nun erobern helfen." Als dieß vor den Kaiser kam, ließ er ihm ein gutes Geschenk zustellen, machte ihn sogleich zum Unterofficier, mit dem Bedeuten, daß, wenn er seinem Entschluß getreu bliebe, er auch bald Oberofficier werden könnte.

———

Als man Anfangs April mit dem Kaiser über die niederländischen Angelegenheiten sprach, sagte Se. Majestät: „Meine niederländischen Kinder „sind zu weit von dem Hause ihres Vaters ent„fernt, und ihre Hofmeister und Aufseher wuß„ten sich bey ihnen kein Ansehen zu geben, sie „auch nicht in gehöriger Furcht zu halten; je „mehr sie ihnen gaben, je mehr wollten sie ha„ben. Da es nun sehr schwer ist, eine fehlge„schlagene Erziehung wieder zu verbessern und „gut zu machen, so haben meine gegenwärtigen „Hofmeister, Trautmannsdorf und d'Alton, dop„pelte Ansprüche auf meine Erkenntlichkeit zu „ma-

1789... machen, wenn sie ihren neuen Erziehungsplan,
,, wie es das Ansehen hat, bey ihren Zöglingen
,, mit Nutzen anbringen."

Nach einer genauen Berechnung, waren seit dem Zeitpunkte, da die Zinsen der dem Staate vorgeschossenen Kapitalien auf 5 Procent gesetzt wurden, überhaupt 1 Million 884,560 Gulden, (worunter 75000 Gulden aus dem Auslande) als Anleihe an die Kaiserlichen Kassen gebracht worden.

Ein armer Geistlicher, der lange Jahre als Feldpater gedienet, und sogar manche Blessur empfangen hatte, stellte sich, in diesem Monate April, dem Monarchen vor, der ihm schon ehemals seine Gnade zugesichert hatte, und erinnerte ihn an sein hohes Wort. Der Kaiser sagte ihm: ,,Ich ,, weiß jetzt nichts für Sie, mein Freund, melden ,, Sie sich in ein paar Tagen wieder." — Den dritten Tag war der gute Pater schon wieder da. Der Kaiser besann sich einen Augenblick, und brach dann mit einer gedankenvollen Miene und etwas vollem Tone aus: ,, Wollen Sie ins Zucht- ,, haus?" — Der Pater war überrascht und ver- ,, setzte: Es wird doch nicht lange dauern? — Der Kaiser lachte über dieß Mißverständniß, und sagte: ,, So ist's nicht gemeint. Wollen Sie ins ,, Zuchthaus als Pfarrer? Diese Pfarre ist ge- ,, stern leer geworden. Diese, und keine andere ,, kann ich Ihnen jetzt geben." Der neue Pfarrer

dank-

dankte gerührt, und ging mit einer beyspiellosen Freude ins Zuchthaus.

Dem Leibmedikus Störk, welcher Se. Majestät nochmals ersuchte, bey zu verspürender Besserung in Wien zu bleiben und mehr Sorge für die hohe Gesundheit zu tragen, antwortete der Monarch ganz gelassen: „Bin ich todt, so gibt es Platz „für einen andern."

Nach den Geburtslisten waren vom ersten Januar bis letzten Oktober 1788 in dem gesammten Markgrafthum Mähren 9157 Trauungen, 51838 Geburten und 34871 Todesfälle. In dem Kaiserl. Antheile Schlesiens aber 1753 Trauungen, 8576 Geburten und 6368 Todesfälle gewesen. Künftig sollten in diesen briden Landen die Zahlungen mit dem Militär-Jahre vom November anfangen.

Am 11ten April wurde das Mädchen, welches der Kaiser auf seiner Reise nach Cherson zu Kaffa von einem Sklavenhändler für 80 Dukaten kaufte, in der Schloßkapelle getauft. Es hatte nunmehro 8 Jahre erreicht, ihr Vater war ein Tatar, die Mutter eine Cirkasserin. Sie hatte eine schnelle Fassungskraft, und ward von der Erzherzogin Elisabeth, Gemahlin des Erzherzogs Franz, mit großer Sorgfalt erzogen, die auch die Stelle der Taufzeugin bey ihr vertrat. Sie hat die Namen
Ma-

1789. Marie Elisabeth Josephus in der Taufe erhalten, und ist von ihrer Taufzeuginn königlich beschenkt worden.

Der Monarch, der für die innere Verbesserung seiner Staaten unermüdet zu arbeiten pflegte, und dem die Enthaltung von Geschäften unmöglich war, ließ nacheinander drey Sekretäre kommen, denen er über wichtige Gegenstände in Staatssachen Bescheid ertheilte. In diesem Augenblick erschien der Arzt; und wie erstaunte er, den erhabenen Patienten von seinen Sekretären umgeben und eifrig arbeiten zu sehen. Er blieb ehrfurchtsvoll stehen, doch sein bedenklicher Blick, der dem Monarchen nicht entging, erinnerte ihn an seine wenige Schonung. Er sagte daher schnell zu ihm: „Es ist mir unmöglich ganz ohne „Schonung zu seyn."

Mitten in der gefährlichsten Lage blieb der Monarch seiner Regentenpflicht treu, und auch der härteste Anfall war nicht vermögend die Gelassenheit und Seelenruhe desselben im mindesten zu stören. Noch am 15ten April widmete er sich den Staatsgeschäften, und unterzeichnete die über verschiedene Vorträge gefaßten Entschliessungen, die er selbst diktirte. Als ihm hierüber Vorstellungen gemacht wurden, antwortete er ganz kaltblütig: „Ich bin Staatsverwalter, und da ich vielleicht „bald meine Rechnung übergeben muß; so ist es „nöthig, daß ich sie in Ordnung bringe."

Man

Man las in öffentlichen Blättern noch verschiedene denkwürdige Umstände von dem Augenblick, da der Kaiser an der Pforte des Todes war.

Ungeachtet der Monarch erst am grünen Donnerstage das heil. Abendmahl empfangen hatte, verlangte er doch am 15ten dieses Monats April, öffentlich mit der letzten Wegzehrung versehen zu werden. Der Monarch erhob sich, ungeachtet seiner Schwäche, aus dem Bette, ließ sich ankleiden, und wollte den König aller Könige nicht anders als knieend empfangen. Der päbstliche Nuntius und der Kardinal Erzbischof führten ihn unter dem Arm vom Sopha zum Knieschämel bey Empfangung des Abendmahls. Die Beichte hatte er schon in der Nacht bey dem Herrn Burgpfarrer abgelegt. Der Muth des Monarchen in den gefahrvollsten Stunden war außerordentlich, und er sahe dem Tode mit der männlichen Gleichgültigkeit entgegen, die Er so oft bey gesundem Leibe blicken ließ.

Am 17ten April ließ sich der Monarch zum erstenmal in seinem Leben rasiren; da er dieß sonst immer selbst that. Da niemand von seinen Leuten sich deßwegen aufs Rasiren gelegt hatte, so holte man auf dessen Befehl den ersten besten Barbiergesellen aus einem Gewölbe herbey. Nach geschehener Arbeit beschenkte ihn der Kaiser mit 3 Souveraind'or, und sagte zu ihm: „Er ist der Erste, der mir ins Gesicht greift."

1789. In welchem Grade der erbliche Obersteyermärkische Landmann die Wohlthaten fühlte, die ihm sein dermaliger Landesfürst zufließen ließ, davon ist folgender Brief aus Kapfenberg vom 12ten April ein redender Beweis: „Die Liebe
„ des hiesigen Landesvolks gegen seinen Monar-
„ chen (heißt es in diesem Briefe) erhellet aus
„ der ungeheuchelten Sorgfalt für die Gesund-
„ heit desselben. Kaum hatte sich der Ruf von der
„ Krankheit Sr. Majestät verbreitet, als sich im
„ Pfarrhofe zu Gräz, sowohl als in Bruck, meh-
„ rere Bauern einfanden, um Messen für die
„ Erhaltung dieses theuersten Landesvaters zu
„ zahlen; und von Zeit zu Zeit erkundigen
„ sie sich sehr sorgfältig über Höchstdesselben Ge-
„ nesung."

„ Gegen das Ende des Aprils erhielt der Monarch Depeschen aus Konstantinopel, worüber er eine besondere Zufriedenheit äusserte und sagte:
„ Guter Sultan! Ich wünsche selbst Ruhe und
„ Frieden."

Als dem Monarchen um eben diese Zeit von dem Hofkriegsrathe der verlangte summarische Ueberschlag der diesjährigen Kriegskosten überreicht wurde, und derselbe auf 50 Millionen angegeben war, sagten Se. Majestät: „ Und
„ ich hoffe, wenn anders mein Plan zu Stande
„ kommt, noch von diesen viel zu ersparen."

Wäh-

Während der dreytägigen öffentlichen Gebete, 1789. wegen des Kaisers Gesundheit, waren auch die größten Kirchen so angefüllt, daß kein Platz mehr darin zu finden war. Der Kaiser ward über diesen Beweis der Liebe seines Volks sehr gerührt. „ Läßt mich Gott noch länger leben, (sagte er) so „ werde ich meine Unterthanen noch mehr über„ zeugen, daß ich nicht nur ihr Beherrscher, son„ dern auch ihr zärtlicher Vater bin." —

Als man ihn fragte, von wem er das Abend„ mahl empfangen wollte, sagte er: „ von dem „ Burgpfarrer, denn ich bin in den Augen Got„ tes nicht mehr als ein anderer Sterblicher."

Unaussprechlich war die Freude des Publikums, als man am letzten Sonntage in dem Monate April in der Mittagsstunde den Kaiser sahe, wie er ganz angezogen am offenen Fenster saß, und mit Papieren sich beschäftigte. Einige Soldaten schrien so laut, daß er es hören konnte: da ist er ja wieder, der Alte! Unser Vater! —

Als sich der Kaiser ein andermal rasiren ließ, sagte er zum Barbier, er solle ihm seinen grauen Bart abnehmen. Worauf dieser antwortete: Dermalen Ew. Majestät ist er noch nicht grau, wir beten aber alle, daß er grau werden möchte. —

Hierbey erinnert man sich folgender Anekdote, wegen der Gewohnheit des Kaisers, sich selbst zu

1789. rafiren: Als er auf einer seiner Reisen nach Italien unerkannt bei einem Postmeister zu Mittage speisete, vertraute ihm die Tochter desselben, daß sie Sr. Majestät eine Bittschrift übergeben wollte, und auf die Frage, ob er wohl glaube, daß der Monarch ihre Bitte gewähren würde, antwortete er rasch: „ja! denn ich, der ich den Kaiser täg„lich rafire, kenne seine Gutherzigkeit."

Man hat in dem ganzen Verlaufe der Krankheit des Kaisers den sich immer gleichen Gemüthszustand des Monarchen bewundert. Als der Leibmedikus Baron von Störk am 16ten April Morgens um 3 Uhr schleunigst nach Hofe gerufen wurde, fragte ihn der Monarch ganz gleichgültig. „Ist Gefahr bei meinem Zustande?" — Gefahr, erwiederte der Arzt im leisen aber gesetzten Tone! „Wohlan denn, (sagte der Monarch) „so werde „ich mich gefaßt halten, man rufe mir den Pfar„rer, und gebe mir die Feder her, ich will noch „ein paar Zusätze zu meinem Testamente ma„chen." — Er befahl auch das Hochwürdigste in den Kirchen auszusetzen, und öffentliche Gebete anzustellen. Als er aber vernahm, daß die Theater auf drei Tage gesperrt bleiben mußten, war ihm solches nicht ganz recht; inzwischen ließ er es doch geschehen, weil es in einem Vorfalle von solcher Bedeutung strenge Sitte ist. Kaum hatte er am 19ten April allen Religionspflichten ein Genüge geleistet, so kehrte er auch schon wieder zur Arbeit zurück: und am Abend wurden dem Hofkriegsrathe ganze Paquette mit Depeschen zugestellt,

stellt, alle vom Monarchen durchgesehen und eigenhändig unterschrieben. 1789

In einem Londner Blatte, wo von den Unruhen in den Oesterr. Niederlanden die Rede ist, wünschte ein Kosmopolit dem Kaiser langes Leben, um alles zur mehrern Konsistenz zu bringen, was er zum Besten seiner Staaten verfügt und verordnet hat. „Ich will — sagt der partheilose Britte — die Aussenlinien eines erhabenen Karakters ziehen, welcher in manchem unserer Blätter sehr ist entstellt worden, und welcher, glaube ich, aufrichtige und allgemeine Verehrung verdient. Ich will die Sachen selbst reden lassen, die den Karakter und die Handlungen dieser seltenen Erscheinung, eines philosophischen Souverains darstellen, dessen reelle Absichten nur vor eine Engl. Nazional-Jury kommen dürfen, um ein solches Urtheil zu erhalten, als nur Engländer allein fällen können. Diejenigen, welche behaupten, daß er in einigen seiner Maasnehmungen mißleitet werde oder fehle, behaupten nichts weiter, als daß er ein Mensch ist. —

Auszug eines Schreibens über die Verfassung Wiens, von einem auf Reisen befindlichen Freunde, unterm 28. April. Dessen guten Vorsatz meine Leser sich nicht mißfallen lassen wollen.

—„Es sind ungefähr 14 Tage, daß ich in der weltberühmten Kaiser-Stadt zu Wien angekommen bin, und meine Geschäfte werden meinen per-

1789.sönlichen Aufenthalt allerwenigstens sechs volle Wochen nothwendig machen. Sie sollen also in dieser Zeit, eine, so viel mir möglich, umständliche Nachricht von dieser Residenz und derselben Merkwürdigkeiten erhalten. Ich war zwar schon vor siebenzehn Jahren beynahe zwölf Monate hier, und bin also kein Frembling mehr. Aber, guter Himmel! was hat sich nicht alles in dieser langen Zwischenzeit geändert! Sogar trift diese Veränderung viele meiner alten Freude, deren Wohlstand nicht mehr der vorige ist, die durch den Tod des unvergeßlichen Monarchen um eine ganze Oktave tiefer singen müssen, da sie sonst bey allen unsern vormaligen Lustbarkeiten den Ton angaben."

"Doch ich will mich nicht von der Hauptsache durch Nebendinge entfernen, und meinen langen Brief anfangen, und nicht eher schliessen, bis ich wieder abreisen werde. Die Stadt und die Vorstädte haben ein ganz anderes Ansehen erhalten. Aus den alten verfallenen Höfen, als z. B. der Freysinger, und mehrere andere waren, sind wunderschöne Häuser entstanden; verschiedene Mönchs-und Nonnenklöster sind in prächtige Palläste umgewandelt worden. Ich übertreibe nicht, wenn ich sage, daß seit 1772 wenigstens 20000 neue bequeme Wohnungen — wohlverstanden nicht Häuser — hinzugekommen sind, die auch bis auf wenig einzelne bewohnt werden. *) Die Baulust hat

---

*) Die Baulust der Wiener ist eine Folge der täglich zunehmenden Volksmenge. Die Zahl der Gebornen betrug

hat fast alle vermögende Leute angesteckt, und man will behaupten, — viele dadurch ganz unvermögend gemacht. Die mehreren haben sich in der Calculation geirret, und es gab viele, die dies vorher sahen, schon darauf lauerten, und am Ende die Häuser weit wohlfeiler an sich kauften, als sie dem Eigenthümer zu stehen kamen."

„Man glaubte, der Zins der Wohnungen würde sinken; allein da den Hausherren eine neue Steuer aufgelegt geworden; so fangen wirklich einige an, ihre Inwohner zu steigern, die dann auch lieber die 20 oder 30 Gulden mehr geben, als durch das Umziehen ihre besten Fährnisse, durch die ungeschickten Taglöhner und Sesselträger, verderben lassen. Ehe aber ein paar Jahre verstreichen, werden die Quartierpreise sicher fallen müssen.

„Die Beleuchtung bey Nachtszeit ist nun allgemein, und eben nicht sparsam, angebracht, und wird auch recht gut unterhalten. Es ist dieses eine große Wohlthat, da die Policey-Wächter bey Nacht nicht mehr so häufig und fleißig wachen

---

betrug in diesem Jahre 1789, 3 bis 4000 mehr als vor 3 Jahren, und noch immer werden neue Bürger aufgenommen. Vermichnen 2ten April wurden an einem Tage 34 Schneidermeister, 9 Gastgeber und 9 Seidenzeug- und Dünntuchmacher aufgenommen. Die steigende Volkszahl in der Residenz und andern Hauptstädten ist der redendste Beweis von Joseph des 2ten treflicher Regierung.

1789 und patrouilliren, als in vorigen Zeiten. Das Corps ist viel zu klein, um alle die Aufträge zu besorgen, die man ihnen anvertrauet. Die Abscheu erregenden Straßenkehrer, die vielen Linien, woran sie wegen der Contrabandwaaren postirt sind, und das Stadtgericht, nebst andern Gefängnissen, die sie zu besetzen haben, lassen wenig Köpfe übrig, auf allen Kreuzwegen der Stadt zu bestehen, und ihr Pfeifchen zu rauchen, um sich des Schlafes zu erwehren, da wirklich gegen 12 Uhr alles schon so still und einsam in der Residenz ist, als nur immer in einem Dorfe, wo man doch wenigstens Hunde bellen, und die Nachtwächter rufen hört. Diese Schlafende und Kranke erweckende Menschenklasse muß hier ganz in Ruhestand gesetzt worden seyn, denn ich habe noch keine andere Menschenstimme seit meinem Aufenthalt gehört, als das schläfrige Hotto, des sogenannten Nachtköniges, der unsere genossenen Leckerbissen den Weg alles Fleisches in die Donau führt."

Die unerhörte nächtliche Stille befremdet mich ausserordentlich, und zeigt an, daß entweder die Moralität, oder die Noth sehr zugenommen habe. Die Folge wird es geben, was hieran Schuld seyn mag.

Das Pflaster in der Stadt ist jetzo für den armen Fußgänger ein rechtes Labsal. Es ist an den mehresten Orten eine Gattung breiter Steine eingeführt, worauf man so gut, als in einem Zimmer geht.

Nur

Nur Schade, daß die vielen Caroſſen und ſchweren Fuhrmannswägen den ermüdeten Wanderer von dieſer guten Bahn abtreiben, und ſich derſelben widerrechtlich zum Fahren bedienen; die unartigen Fiakers ſogar darauf ſtehen bleiben, und auf neue Fuhren warten. Dieſes Ungemach jagt den Spazier- oder Geſchäftsgänger bald rechts, bald links, und dann läuft er alle Augenblicke Gefahr, bald überfahren, bald von dem ſtolzen Herrſchafts-Kutſcher mit der flüchtigen Peitſche getroffen zu werden.

Kommt nun ein Regenguß, ſo ſollten Sie das Balanziren der buntſcheckigten Regenſchirme, und das Carampoliren der geſchäftigen Leute ſehen, wo jeder der erſte ſeyn will, und dem andern bald einen Rippenſtoß giebt, und dafür einen tüchtigen Schimpfnamen erhält, den er mit der größten Gleichgültigkeit annimmt, ohne ſich umzuſchauen. Der Wiener ſcheint, im Ganzen genommen, wenig Muth zu haben. Er läßt ſich an einem öffentlichen Ort die bitterſten Grobheiten ſagen, ohne etwas darauf zu erwidern, als daß der Gegentheil ſchon ſeinen Herrn finden ſolle.

Dann ſchleicht er ſich aus dem zuſammengelaufenen Haufen weg, und vergißt in der zweyten Straße das erlittene Unrecht. Die Satisfactions-Klagen ſollen hier aber auch recht negligent traktirt werden. Sey der Herr froh, daß er ein ehrlicher Mann und unſchuldig iſt, das iſt der ganze Beſcheid, den ein ſolcher Kläger erhält. Durch dieſe Methode werden freylich viele hundert Pro-

1789. cesse unterbricht, wo der Richter nicht immer die Wahrheit ersehen kann, weil das eigentliche Factum entweder durch den Ankläger oder durch die Zeugen ganz verstellt vorgetragen wird.

Daß die Häuser alle numerirt, und die Straßen mit groß geschriebenen Buchstaben beym Anfang und Ende derselben ihren wahren Namen führen, ist für einen Fremden, der lesen kann, eine glückliche Erleichterung. Er kann mit der ersten Woche seinen Mieth-Bedienten entlassen, und sich allein zurecht finden. Die Numern allein würden dem Reisenden wenig Nutzen schaffen, denn sie sind nicht fortlaufend. Denn auf einer Seite lieset man Nro. 225. und auf der andern Nro. 884. Nun sind die Zwischenzahlen in ganz andern Gassen aufzusuchen, die der augenblickste Briefträger nicht anzugeben weiß, wann die Straße nicht ganz deutlich angemerkt worden. Die Kaiserliche Burg hat Nro. 1. und die Reichs-Canzley Nro. 2. Die Burg ist noch immer das alte gothische Gebäude, wie es Kaiser Carl VI. hat auffführen lassen. Für den jetzigen Beherrscher ist sie viel zu geräumig, da der Hof-Staat ungemein eingeschränkt ist, und die mehresten Zimmer leer stehen, auch die Gänge mit Brettern vernagelt sind, um Wachen zu ersparen. Es gleicht mehr einem Frankfurther Wirthshause, wo alles durchfahren und durchgehen kann, was den Weg abschneiden will. Jetzt läßt der Monarch gerade unter seinen Gemächern einen Fußsteig machen, worauf man auf den Wall kommen kann, um Abend spatzieren zu gehen. Jeder Privatmann

wünscht

wünscht das überflüßige Geräusch und Lärmen von 1789. seiner Wohnung zu entfernen, um ungehindert arbeiten und ruhig leben zu können, und der Kaiser, der so viel als alle seine Unterthanen insgesammt denkt und handelt, bürdet sich eine Last auf; um seinem Volke eine Strecke Weges zu ersparen, einige Minuten früher zu ihrer Erhohlung zu gelangen. Hiesige Herrschaften lassen alsogleich Stroh streuen, wann sie krank sind, um das Fahren der Wägen nicht hören zu müssen. Der hiesige Stadtrath läßt sogar die Strassen mit Ketten sperren, so lange seine Consultations-Stunden dauern; und der deutsche Kaiser durchdenkt das Wohl Seiner Staaten und das Glück aller Seiner Völker im Cabinet Seines Schlosses, liegt krank und fast hoffnungslos darnieder, und läßt weder Ketten ziehen, noch Stroh streuen, um sich ruhigere Augenblicke zu verschaffen. Der Geist Josephs ist immerwährende Thätigkeit; Stille und Müssiggang kann er gar nicht dulden. Sein Aug will alles sehen, Sein Ohr alles hören, Seine Seele alles umfassen, alles zugleich verrichten, alles beginnen, alles beendigen, u. s. w.

Ich will abbrechen, sonst würde ich mehr über die Gesetzgebung, als über Wien schreiben, wozu ich keinen Beruf und Anlage habe.

Wann sich gleich Wien in den verflossenen 17 Jahren, ausserordentlich verändert und verbessert hat, so sind die Wirthshäuser noch immer die schlechtesten und elendesten, die ich auf Reisen angetroffen habe. Unbequemlichkeit, Unreinheit und

Grob-

1789. Grobheit hat im höchsten Grade zugenommen. Die vormaligen Wirthe, die sonst geschmeidige brolligte Männer waren, mit ihrer grünen Kappe auf dem Kopf den Gast nach Möglichkeit zu bedienen und zu unterhalten suchten; sind jetzo dickbauchigte, stolze, verdrossene und empfindliche Kreaturen, tragen schöne gepuderte Zopfperücken, überlassen das Schicksal ihrer Gäste dem Gutbefinden ihrer Ober- und Unter-Kellner, und erweisen einem schon grosse Ehre, wann sie mit dem Fremden an einer Tafel zu speisen geruhen. Durch die angekauften guten Kloster-Weine, die sie um einen wohlfeilen Preiß erhalten, sind sie lauter reiche stattliche Männer geworden, die sich Roß und Wagen zu ihrem Vergnügen halten, Häuser an sich ziehen, oder auf den ersten Satz Geld vorschießen, und den ganzen Staat mit einer effektirten hochdeutschen Sprache reformiren, Krieg und Frieden schliessen, und auch über Religion und Wissenschaften ihr einfältiges Urtheil schöpfen. Wer kein Geld hat, oder nicht sehr reich ist, kann in ihren Augen gar kein ehrlicher Mann seyn, und sie schämen sich nicht, frey zu gestehen, daß sie das Wirthshaus nur aus Zeitvertreib fortführen, damit die vielen ledigen Beamten nicht erhungern müssen. Wahr ist es, daß sie, sammt ihrem vielen Geld und ihren Perücken, dennoch weidlich gefoppt werden, und bittere Wahrheiten einschlucken müssen; allein was ist das für ein Vergnügen für einen guterzogenen Menschen, in einer Gesellschaft zu sitzen, wo Possenreisserey und trockene Albernheiten vorfallen, und entweder der Wirth zum Gegenstand einer unreifen Satyre gilt, oder ein Gast

den

den Narren machen muß, damit ihn der Wirth umsonst an seine Tafel zieht.

Es gibt ein paar Traiteurs hier, wo man sehr reinlich ißt, und wohlfeil und schmackhaft bedient wird. Da geht es aber oft so still zu, als in einem Refektorio, weil jeder zehrt, bezahlt und fortgeht, ohne ein Wort gesprochen zu haben. Man sieht daselbst so mißtrauisch und zurückhaltend auf einen Ausländer, als es nicht einmahl in Venedig geschieht. Und wird ja zu Zeiten von einem und andern etwas gesprochen; so ist es etwa vom Theater, von der Hetze, von einem Privatschmauße, von einem Freuden-Mädchen, die dem andern im Vertrauen bekannt gemacht wird, von wem sie ausgehalten seyn, und um welche Zeit man ihr Besuche machen kann, ohne den ersten Liebhaber daselbst anzutreffen 2c.

Ein zu Wien gedrucktes Blatt enthielt unterm 2ten Mai Folgendes:

„Die Krankheit des Monarchen nimmt täglich ab. Die Zufälle vermindern sich und er genießt ruhige Nächte; doch ist man für Rückfälle nicht ganz ohne Besorgniß."

„Wir theilten hier die Tagsordnung und Beschäftigung des hohen Kranken mit. (Was gewiß auch meine Leser interessiren wird.)"

„Der

„Der ganze Tag ist zwischen der Pflege seines Körpers und den Staatsbeschäftigungen getheilt. Der Monarch, der sehr früh erwacht, nimmt einige Medicin zu sich. Um 7 Uhr tritt der Sekretair-Journalist ein. Der Monarch läßt sich alsdann von ihm Staatspapiere vorlesen, diktirt öfters dem Sekretair in die Feder, und fertigt verschiedene Unterschriften aus. Alles dieses geschieht im Bette, weil ihm die Aerzte wenige Bewegung und viel Ruhe rathen.

„Um 10 Uhr verläßt der Monarch seine Ruhestätte und wird angekleidet; um diese Zeit spricht er mit seinen Ministern, Feldherren, Aerzten, und läßt auch bisweilen andere vor."

„Um 1 Uhr verfügt sich der Monarch zur Tafel, welche von jeher sehr einfach war, und es vorzüglich dermalen ist. Sie besteht gewöhnlich aus einer Suppe, Rindfleisch, Zugemüß und zwey Braten. Der Kaiser genießt dermalen mehr Suppe und wenig Rindfleisch, aber viel Zugemüß. Von dem Gebratenen bedient er sich nur selten eines kleinen Stücks. Er trinkt bey der Tafel, wie von jeher, keinen Wein, sondern nur Wasser, und dieß in Menge. Als er noch ganz gesund war, trank er gewöhnlich drey Seitel."

„Nach der Tafel erscheint gewöhnlich der Erzherzog mit der Erzherzogin beym Monarchen, um ihre Aufwartung zu machen, welches auch bisweilen vor der Tafel von 10 bis 1 Uhr geschieht."

„Nach

„Nach diesem fängt der Kaiser wieder ordentlich an mit Staatsgeschäften sich zu befassen. Die Sekretaire erscheinen, sie lesen vor, der Monarch diktirt oder unterschreibt. Dies geschieht aber nicht immer in dem Innern der Burg, sondern er verfügt sich dermalen fast täglich auf das Vorgeschoß, nämlich den Balkon heraus, wo er oft eine Stunde verweilt, um sich dem Volke zu zeigen, und der gesunden Luft und schönen Aussicht zu geniessen. Er zeigt noch immer seine gewöhnliche Munterkeit, geht auf dem Balkon auf und ab, und hört dem Sekretair zu, welcher ihm vorliest. Das Volk, welches in diesen schönen Frühlingstagen mit Spazierengehen auf den Bastionen sich ergötzt, bleibt, wenn es vor dem Balkon an der Burg vorbeigehet, gewöhnlich stehen, und betrachtet seinen kränklichen und doch rastlosen Beherrscher mit vieler Rührung."

„Diese Staatsbeschäftigungen währen fort bis Abends 6 Uhr, nach welcher Zeit der Monarch bisweilen der Kammermusik beywohnet, ohne doch, wie sonst, dabei mitzuspielen. Noch hat er auch das Schauspiel nicht wieder besuchet."

„Abendmahlzeit wird keine gehalten, er nimmt nur etwas wenige Suppe zu sich. Um halb neun Uhr begiebt sich der Monarch bereits wieder zur Ruhe."

Als der Kaiser die Depeschen des Prinzen von Koburg gelesen hatte, worin von den Vortheilen, die

1789. die der Oberste Karaiczay über die Türken erfochten hatte, Nachricht gegeben wurde, sagte er: „Das ist ein treflicher Balsam für meine Leiden! „Gott erhalte diesen braven Mann."

***

Am 12ten Mai wurden auch zu Prag in der Judenstadt eine Anzahl Israeliten ausgehoben, welche zu dem Fuhrwesenskorps bestimmt wurden; wobei zu erinnern merkwürdig ist, daß sich schon vor einigen Monaten ein Jude bey einem in Prag liegenden Regimente freywillig hatte engagiren lassen. *)

Es war eine höchst rührende Szene, als diese Juden von dem dortigen Ober-Landrabbiner zu ih-

***

*) Man meldete aus Ungern, daß unter denen bey der Armee ankommenden Fuhrknechten sich viele freywillige Juden, besonders aus Gallizien befänden, wo bekanntlich diese Nazion ausserordentlich zahlreich ist. — In allen österreichischen Staaten zählte man zu der Zeit, 223000 Juden: nämlich, in Niederösterreich 570, Friaul 400, Tyrol und Vorderösterreich 1530, Böhmen 36000, Mähren 24000, Schlesien 8000, Mantua 2660, Buckowina 5530, Galizien und Lodomirien 157000. — So wird die Summe der Juden vom Grafen Mirabeau in seiner Schrift: Sur Moses Mendelssohn, für la Réforme politique des Juifs etc. freilich noch sehr unvollkommen bestimmt, und gesteht der französische Schriftsteller seine Angabe aus der statistischen Uebersicht des Herrn Kriegsraths Neubel genommen haben.

ihrem neuen Beruf eingesegnet wurden. Dieser 1789. ansehnliche Greis fuhr nähmlich zu diesen Leuten in die Kaserne hin, wo sie bis zum baldigen Abmarsche versammelt waren, und hielt ihnen daselbst folgende Rede, die allen Anwesenden Thränen ablockte; sie lautete wörtlich wie folgt:

„ Meine Brüder, die ihr immer meine Brüder wart, noch jetzt es seyd und immer seyn werdet, so lange ihr fromm und rechtschaffen handelt, Gott und unser allergnädigster Kaiser wollen, daß ihr zum Militairdienst genommen werden sollt; schickt euch daher in euer Schicksal, folget ohne Murren, gehorchet euren Vorgesetzten, seyd treu aus Pflicht und geduldig aus Gehorsam. Vergeßt aber nicht eure Religion, schämt euch nicht, Juden unter so vielen Christen zu seyn, betet Gott täglich gleich bey eurem Aufstehen an; denn Gottesdienst gehet vor allem. Der Kaiser selbst ist schuldig, Gott anzubeten und alle seine Diener, die gegenwärtigen (hier machte er eine höfliche Verbeugung gegen die anwesenden Officiere) und nicht gegenwärtigen, beten täglich ihren Schöpfer an."

Hierauf gab er jedem ein Bändchen Schaufaden, ein paar Tephillim und ein Gebetbuch, und fuhr in der Rede fort.

„ Schämet euch dieser Zeichen der jüdischen Religion nicht. Wenn ihr Zeit haben werdet, so betet alles das, was ein Jude, wie ihr bereits wißt, täglich beten muß; habt ihr aber nicht so viel

1789. viel Zeit, so leset wenigstens das Schma (höre Israel ꝛc.). Sabbath könnt ihr auch halten, weil ihr meistentheils, wie ich höre, an diesem Tage rasten werdet. Die Wagen schmieret immer Freytags Abends; und überhaupt alles, was ihr den Tag zuvor thun könnt, das thut. Lebt in Eintracht mit euren christlichen Kammeraden, sehet, daß ihr sie euch zu Freunden macht; dann werden sie für euch am Sabbath den Dienst verrichten; ihr aber werdet den Sonntag für sie arbeiten, da auch sie, als fromme Männer und Christen, den Sonntag nach Möglichkeit zu feyern schuldig sind. — Von allen unerlaubten Speisen enthaltet euch so lang ihr könnt. Der Kaiser war so gnädig zu sagen, daß ihr nie gezwungen werden sollt, Fleisch zu essen. Folglich könnt ihr von Eyer, Butter, Käse und andern erlaubten Speisen immer so lange leben, bis ihr zu Juden kommt, wohin zu gehen euch dann eure menschenfreundlichen Mitsoldaten und Vorgesetzten erlauben werden. Sollte aber einer von euch krank werden, so kann er sich, so lange als möglich ist, von Thee erhalten, bis es die Noth erfordert, daß ihr Fleischbrühe zu euch nehmen müßt. Im übrigen seyd immer Gott getreu im Herzen, weicht in keinem Falle von dem Glauben eurer Väter, und dienet unserm allergnädigsten Landesfürsten mit gutem Willen und rastloser Thätigkeit. Erwerbt euch und unserer ganzen Nation Dank und Ehre, damit man sehe, daß auch unsere bisher unterdrückte Nation ihren Landesfürsten und ihre Obrigkeit liebt, und ihr Leben im Fall der Noth aufzuopfern bereit ist. Ich hoffe, daß wir durch euch,

euch, wenn ihr euch ehrlich und treu, wie es je= 1789. dem Unterthanen zusteht, aufführet, auch noch jener Halbfesseln werden entlediget werden, die uns zum Theil noch drücken; und welchen Ruhm und welche Liebe werdet ihr nicht davon tragen, bey allen rechtschaffenen Menschen so gut, wie bey allen euren Mitbrüdern! Und hiermit will ich euch noch aus innigem Herzen meinen Segen geben; will auf euch jene im 91. Psalm vorkommende Verse anwenden, da sie auf eure jetzige Umstände passen: Euch wird kein Unfall nahen ꝛc. denn er befiehlt seinen Engeln ꝛc. die werden euch auf Händen tragen ꝛc. ihr werdet auf Löwen und Ottern treten ꝛc. -- Der Herr segne euch und behüte euch ꝛc.

Darauf gab er jedem von ihnen 4 Kaisergulden, auch jedem von ihren militärischen Begleitern einen Gulden. Diese versprachen ihm alle mögliche Sorgfalt auf sie zu wenden, und ihnen den wahrlich schweren Dienst eines Stückknechts nach Möglichkeit zu erleichtern. Sie selbst dankten mit heissen Thränen, ohne ein Wort vorbringen zu können, ihrem Rabbi und Wohlthäter, der selbst in Thränen schwamm, auf das innigste. Es herrschte eine feyerliche Stille: alles war gerührt. Endlich fielen sie dem Rabbi zu Füssen, küßten seine Hände und umfaßten seine Knie; man fürchtete für seine ohnehin schwächliche Gesundheit, riß den ehrwürdigen Greis los und führte ihn nach seinem Wagen zurück. Von den übrigen Anwesenden theilten noch viele diesen Leuten etwas mit, und alle schieden von ihnen in Thränen.

Im

1789. Im Anfange des Monats Juny lief ein jüdischer Soldat unter Kinsky Regiment Spitzruthen, weil er desertirt war, und eingebracht wurde. Gewiß etwas Neues in diesem Jahrhundert! Sollte Moses jetzt seine Israeliten sehen, wie würde er sich wundern.

Gleich nach vorübergegangener Ertse der Krankheit, hob der Kaiser eine auf das Brod gelegte Abgabe auf, und schickte eine große Summe Geld in das Armeninstitut.

Ein paar Tage zuvor war er noch sehr entkräftet, und jedermanns Besorgnisse vermehrten sich. Er schien seinen Zustand auch selbst zu fühlen, indem er zum Burgpfarrer sagte: „Ich bin schon lange mit solchen Zufällen vertraut, mein Va-
„ ter, meine Mutter, meine geliebteste Gemah-
„ lin, die Prinzessin von Parma, und mein ein-
„ ziges hoffnungsvolles Kind, die Erzherzogin
„ Therese, starben in meinen Armen, und ganz ge-
„ wiß nicht beunruhiget — nur den gegenwär-
„ tigen Krieg hätte ich gern beendiget gesehen."

Als man dem Monarchen den Todesfall des türkischen Kaisers bekannt machte, und nachdem der Fürst Staatskanzler die Erzählung der Todesgeschichte geendiget hatte, sagte der kranke Souverain: „Guter Monarch, Du hast Friede
„ gemacht, und willst ihn jenseits des Grabes un-
„ terschreiben."

Joseph II. wollte nicht fremden, so wenig wie seinen Unterthanen schaden.

1789.

So ließ er den polnischen Unterthanen, welche bey der Belagerung Chokzims Schaden auf dem polnischen Gebiete gelitten hatten, 28680 Gulden auszahlen.

Unter andern äusserte der Monarch, als er eben von der Krankheit sehr angegriffen wurde: „Wenn ich dieser Krankheit unterläge, so würde die Welt manche meiner Einrichtungen unrichtig beurtheilen; aber wenn Gott mir noch zwey Jahre das Leben fristet, so hoffe ich sie von dem Guten, das aus meinen Verordnungen entspringen wird, augenscheinlich zu überzeugen."

Ein andermal als der Kaiser in Gefahr war, durfte niemand in das Schlafzimmer, als die Leibärzte und die Kammerdiener. Der Leiblakey Meyer, den der Monarch besonders gut leiden konnte, wagte es zur Thüre hineinzugucken. „Warum läßt Du Dich nicht bey mir sehen?" fragte der Kaiser. Ew. Majestät, war die Antwort, es darf niemand herein als die Kammerdiener?—„Du bist also Kammerdiener." erwiederte der Kaiser, geh jetzt frey herein." —

Am 3ten Juny erschien zu Brüssel ein Edikt des Kaisers, davon ich bloß den Hauptinhalt mittheile:

1789. theile: „Weil in einigen Städten Sr. Majestät Niederlanden Personen vom niedrigsten Pöbel, unter dem Vorwand der Getreidetheurung, die Vermessenheit so weit getrieben, mit Getreide beladene Wägen mit Gewalt anzuhalten, die Häuser von Partikuliers zu erbrechen, und das Getreide mit Gewalt wegzunehmen; so erneuern erstlich Se. Majestät aus landesväterlicher Sorgfalt das bereits auf die Einfuhr von jeder Last fremden Dinkel gesetzte Prämium von 45 Fl. um die freye Cirkulation des Getreides im Lande zu fördern; wer hingegen mit Getreide in die Städte kommende Personen ec. angreift oder insultirt, wer Häuser oder Scheuern plündert, soll als Dieb und öffentlicher Ruhestörer mit dem Tode bestraft, und wer deshalb ein Complot macht, oder aufrührerische Reden führt ec. soll öffentlich ausgestrichen und auf zehn Jahre in das Zuchthaus gesetzt werden." ec.—

Von der Lebensart des kränkelnden Monarchen las man Anfangs Juny Folgendes:

Der Monarch genießt dermalen früh um 5 und 7 Uhr Eselmilch, nimmt nach 8 Uhr China und um 9 Uhr ein Frühstück, welches öfters in Schokolade besteht. Wenn das Fieber nicht da ist, so verläßt er das Bette und kommt vor dem Speisen bey heiterer Witterung in den Garten, welches auch öfters nach der Tafel geschieht. Er verweilet jetzt daselbst selten länger als eine halbe Stunde. Anfangs aber blieb er mehrere Stunden im Garten und ließ sich von seinem Sekretär vorlesen.

Seine

Seine Tafel ist noch immer einfach; eine Suppe von Sagokörnern, ein wenig Zugemüß und ein Flügelchen von einem Huhne sind gegenwärtig die Speisen des ersten Monarchen der Erde. Erlauben es die Aerzte, so macht er sich nach der Tafel wiederum eine kleine Bewegung im Garten, oder in seinem Zimmer, und arbeitet dann in Staatssachen, wenn es auch die Aerzte nicht erlauben. Er hat deswegen mehrere Personen von seiner Staatskanzley kommen lassen. Um 6 Uhr Nachmittags ist Kammermusik, bey welcher er am 5ten und 6ten Juny selbst auf dem Flügel accompagnirte. Abends genießt er nur eine Brühe, und begibt sich zeitig zur Ruhe. So eingeschränkt ist dermalen der Bewegungskreis des erhabenen Kaisers, dem so oft die weiten Gränzen seiner Monarchie zu enge waren, und der so oft von einem Theil unsers Welttheils in den andern eilte, und bald in Rom bald in Petersburg, bald in Paris, bald in Cherson erschien. Wie veränderlich ist das Loos der Menschheit! Das Antlitz des Kaisers ist gut, und er sieht noch eben so gut aus, als vor 6 Wochen, aber sein Körper ist sehr abgezehrt, seine Stimme heiser und sein Gang matt. „Es sind „nun 11 Monate, sagte er jüngst, daß ich am Fie= „ber (das ihn am 6ten July vorigen Jahres im „Lager bey Semlin überfiel) leide; ich wollte mich „schnell davon befreyen, aber dadurch habe ich „es eben so verschlimmert, daß ich noch daran „leide." — Seit dem 8ten dieses Monats Juny hat der Monarch keinen Fieberanfall gehabt. Die traurigen Folgen des Kriegs betrüben ihn mehr, als seine bedenklichen Gesundheitsumstände.

1789. Als er die Nachricht von dem Unfall, welcher drey Kompagnien in Kroatien traf, las, standen ihm Thränen in den Augen. Indessen ist Joseph einmal auf dem blutigen Schauplatz aufgetreten, und er muß seine Rolle um so mehr ausspielen, da ganz Europa auf ihn hinblickt.

Um den Winkelschreibern in Wien, welche die gemeinen Leute, unter eigennützigen Vorspiegelungen, zu ungegründeten Supplifen, muthwilligen Klagen und wiederholten Behelligungen des Kaiserlichen Hofes verleiteten, das Handwerk völlig zu legen, ward Anfangs Juny befohlen, daß vom 1sten July an, bey dem Einreichungsprotokolle der vereinigten Hofstellen, in allen politischen Partikularangelegenheiten keine Bittschriften, Vorstellungen oder Beschwerden von jemand anders als von einem der beeidigten Hofagenten werden angenommen werden. Diese dürfen bey Verlust ihrer Agentien niemand überhalten oder aufziehen.

Laxen.

Laxenburg.

Der Wanderer.

Welche Oede hier in diesem Garten Gottes,
Wo die Freude sonst mit Zephirfüssen hüpfte!
    Welche Schwindsüchtelöde hier!

Ach, der Bäume Wipfel und die Büsche flüstern,
Dem Geflüster gleich der Kränz' auf Todten-
          gräbern;
    Ach, die Blumenkönigin

Läßt die thaubeträuften Blätter erdwärts hängen,
Vollgeweint von Thränen sind die Blumenkelche:
    Alles trauert, und Alles schweigt.

Nur der Wasserstrahl der kunstgebauten Quelle
Unterbricht mit leisem Plätschern, wie mit
          Seufzen,
    Diese Todesstille hier.

Aus dem grünen Dunkel blicken Marmorbilder,
Wie aus Nachtgewölken Heldengeister blicken.
    Traurend schweigt das Vögelein.

Auf dem schwanken Zweige hängt es seine Flügel,
Blickt mit einem Aug' in Himmel. Wenn ein Wetter
    Ferne droht, dann blickt es so.

Darf ein Wandrer fragen, unsichtbare Geister,
Warum herrscht hier diese fürchterliche Stille?
    Dieses Klagen der Natur?

Eine

1789.
Eine Stimme.

Wandrer, siehst du nicht im Busche jenen blassen,
Müden Mann auf einer Rasenbanke sitzen?
   Von der Seele Hoheit zeugt,

Seiner Augen Blitz, der gleich dem Sonnenstrale,
Mit der schwarzen Wetterwolke ringt. Der erste
   Kronentragende ist Er!

Vollgefüllt ist seiner Herrscherthaten Schaale,
Erdengold soll er mit Himmelsgold vertauschen,
   Gott, der Fürsten Herr, gebot's.

Ich, ein gottgesandter Himmelsbote, harre,
Bis des thatenreichen Menschenherrschers Seele
   Ihrer Hülle sich entringt.

Zu den Fürsten führ' ich ihn beym Sternenklange,
Die der Zeiten Stolz, der Menschheit Ehre waren;
   Kaiser Joseph ist es werth!

Der Wanderer.

Joseph? — Engel Gottes, laß mich mit ihm ster-
   ben;
Innig lieb' ich meinen Kaiser. — Ach, das Leben
   Ist mir ohne Joseph — Tod! —

   Möchten die schwülen Ahndungen der Muse
nicht wahr gewesen seyn; und möchte sie lieber in
einem Jubelgesange auf Josephs Genesung aufge-
jauchzet haben! Aber leider enthielten, in diesem
Monate Juny, die einstimmigen Wiener Berichte
wenig Tröstreiches. Mit der anwesenden Gesundheit

Zeit des Kaisers, ward die Stimme der Hoffnung 1789. immer klagender. Die Kunst der Aerzte konnte nur lindern, nur die Auflösung verzögern, aber nicht dem verzehrenden Uebel steuern.

In der Mitte des Juny verordnete der Monarch, daß auf die Verfälschung der Weine, die dermalen so sehr im Schwange geht, genau gesehen werden soll; daher sollten besondere Individuen von Zeit zu Zeit den Auftrag erhalten, die Weine in Schank- und Wirthshäusern zu kosten und zu probiren, die betretenen Verfälscher aber exemplarisch gestraft werden.

Ein italienischer Abt, den der Kaiser in Italien als einen guten Dichter kennen zu lernen Gelegenheit hatte, ging im Monat Juny im Larenburger Garten spazieren, und stieß von ungefähr auf den Monarchen. „Ich werde vielleicht nächstens Gelegenheit haben, war die Anrede des Kaisers, Ihr dichterisches Talent zu prüfen, und Ihnen die Verfertigung eines kleinen Gelegenheitsgedichts auftragen. Wollen Sie solches übernehmen?" — Euer Majestät befehlen nur, und geruhen mir den Stoff zu geben, war die Antwort des Abts. „Diesen errathen Sie einmal, erwiderte der Monarch, und das können Sie leicht, wenn Sie mich nur erst recht ansehen." — So wünsche ich, fuhr der Dichter fort, daß ich Euer Majestät gänzliche Herstellung, oder Ihre Siege besingen könnte. — „Nein, nein

„fiel

1789... fiel ihm der Kaiser ein, machen Sie sich lieber „ an ein Epitaphium, bringen sie mir es aber „ bald, und zum Stoff mag Ihnen dienen: Hier „ liegt ein Fürst, der mit der besten Meinung „ keinen seiner Plane durchsetzen konnte!„ — Und hiermit verließ der Monarch den betroffenen Abt, ohne ihm Zeit zu lassen, weiter zu antworten.

Allein diese Antwort steht über jeder Manufaktur und Fabrike in den K. K. Staaten, deren blühender Zustand mit der Periode des Toleranz=Edikts entstanden ist. Ich will mit wenigem nur dies antworten: Hat nicht Joseph den schweren Plan durchgeführt, so manches Hornissennest von unbrauchbaren Mönchen auszustöbern? Gelang es ihm nicht, seine Fürstenrechte gegen die Gewalteingriffe der Hierarchie zu vertheidigen? Hat er nicht durch die weisesten Erziehungsanstalten mehreres Licht unter seinem Volke verbreitet? Hat nicht seines Schwerdtes Blitz die Sachwalter der Ungerechtigkeit in seinem weiten Reiche geschreckt? Und wie manche Eichel hat er mit eigener Hand gesteckt, die jetzt schon Sprößling ist, und die die Nachwelt als breitwipflichten Baum bewundern wird!

Am 7ten July kam zu Laxenburg ein von den Ständen von Brabant abgefertigter Kourier an, der Befehl zu haben sagte, seine Depeschen nur unmittelbar dem Kaiser übergeben zu dürfen. Der Monarch ließ sich ankleiden, stellte sich zwischen
die

die Thüre, und nahm ihm sein Paquet mit den 1789.
Worten ab; Le Comte de Trautmannsdorfy sera
„ reponse; en attendant dites à vos Etats,
„ que je ne suis ni mort ni mourant. (D. i,
„ Der Graf von Trautmannsdorf wird die
„ Antwort darauf geben; indessen sagt Euren
„ Ständen, daß ich weder gestorben, noch
„ tödtlich krank bin. *)

Weil der Kaiserliche Bereiter Sillinger von
den Gesundheitsumständen des Monarchen Ver=
schiedenes reden hörte, wollte er sich davon selbst
überzeugen. Er gieng also nach Laxenburg, ließ
sich bey dem Monarchen anmelden, der ihn
auch vorließ. Als er ins Zimmer trat, fragte der
Kaiser, ob es etwas Neues gebe? — Nein, ant=
wortete Sillinger, blos das heftigste Verlangen
Euer Majestät zu sehen, trieb mich hieher, da
man so Verschiedenes von Euer Majestät Krank=
heit spricht. — „Wohlan, seh' Er mich nur recht
„ an, erwiederte der Monarch, und dann
„ kann Er wieder gehen."

Einer der besten politischen Rechner in Wien,
Herr Schweighofer, hat folgendes interessante
Gemälde zum Nachdenken aufgestellt. Er sagt:
In dem Feldzuge von 1789 stehen 800,000
Mann: wozu noch der Troß von 200,000 Men=
schen kömmt, von Seiten der Pforte, Oesterreichs,
Rußlands, Schwedens und Dännemarks, zum
Streite gerüstet, ungefähr 1000 grosse und kleine
Schiffe, worunter man über 100 Linienschiffe
zäh-

1789. zählet, sind in Bewegung, die Land = und See= truppen dieser Mächte führen 17000 grosse Feuer= schlünde mit sich, worunter Oesterreich allein 3000 zugehören. Und dieser Feldzug fordert eine Geldauslage von 160 Millionen Gulden, wozu Oesterreich 40 bis 45, Schweden 10 bis 15, und Dännemark gegen 10 Millionen Gulden bereit halten müssen.

Anfangs July befand sich der Kaiser bei dem verordneten Gebrauch der China-Rinde frei von den abmattenden Schweissen, und das Fieber hatte ihn verlassen. Er stand aus dem Bett auf, ging in dem Schlafzimmer herum, sah öfters zum Fen= ster hinaus, und sagte einmal ganz mit heiterer Stirne, wie eben der Himmel schön und heiter war, zu dem Erzherzoge Franz: „Schieben Sie „Ihre Reise nach Ungarn noch einige Zeit „auf; denn ich hoffe auch bald dahin mitzu= „reisen." —

Die Juden, welche bisher blos als Fuhr= und Stückknechte angeworben wurden, mußten auf speciellen Befehl (Anfangs July) des Monar= chen auch unter die Infanterieregimenter, doch ohne Zwang, als Soldaten angenommen werden.

Die Kosten der Belagerung von Belgrad wur= den gegen Ende des July auf drey und eine halbe Million Gulden angeschlagen. Der Kaiser wil=
ligte

ligte sogleich darein, indem er sagte: "Es koste 1789. "was es wolle, wenn nur Menschenblut da- "bey geschont wird."

Anfangs July wurde den sämmtlichen Truppen bekannt gemacht, Se. Majestät hätten beschlossen, jeden Soldaten vom Feldwebel an, der sich gegen den Feind bey irgend einer Gelegenheit vorzüglich auszeichnete, mit einer Denkmünze zu belohnen, die derselbe dann wie ein Ordenszeichen stets am Knopfloche tragen könnte. Diese Medaillons sind von der Erfindung und Zeichnung des K. K. Hofmedailleurs, Herrn Wirth, die goldenen, 8 Dukaten schwer, die silbernen vom Gehalt eines Guldens. Ihr Umfang ist wie ein 24 Kreuzerstück. Die goldenen, welche für die Unterofficiere bestimmt sind, hängen an einem roth und weißen, und die silbernen für die Gemeinen, an einem hochrothen Bande. Auf beiden ist auf der einen Seite das Bildniß des Kaisers, und auf der andern ein Lorbeerkranz, unten mit Armaturen, in dessen Mitte steht die Inschrift: Bene merentibus, d. i. Verdienten Männern. Es waren davon bereits 600 ausgeprägt und den Feldmarschälen Hadik und Laudon, und dem General der Kavallerie, Prinzen von Coburg, zum Vertheilen zugesandt worden. Mit solchen ist auch Gehaltsvermehrung verbunden; und in gedruckten Statuten werden die Fälle bestimmt, welche zu diesem Ehrenzeichen qualifiziren. —

Das

1789. Das Schreiben, in welchem Se. Majestät dem Feldmarschall Laudon die Oberbefehlshaberstelle Ihrer Armeen, wie sie Eugen in so erhabenem Grade hatte, (nebst der Belagerung von Belgrad) übertrugen, soll in innigst rührenden schmeichelhaften Ausdrücken abgefaßt gewesen seyn. Se. Majestät bedienten sich unter andern der höchst gnädigen Ausdrücke: „Ich schicke Ihnen,
„Herr Feldmarschall, meinen Neffen, damit
„er noch Gelegenheit habe, in einer so großen
„Schule Unterricht zu schöpfen.„ — —

An den Feldmarschall, Grafen Haddik, schrieb der Monarch, unterm 28sten July.

„Lieber Feldmarschall Haddik!

„Ich habe Ihren Bericht vom 22sten mit-
„telst Estaffette, so wie jenen vom 23sten durch
„den zurückgeschickten Staabskadetten richtig er-
„halten. Ohne in deren Inhalt jetzt einzugehen,
„muß ich eine andere Angelegenheit, die mir
„sehr nahe geht, zum Hauptgegenstand meines
„gegenwärtigen Schreibens und der Abschickung
„dieses Kadetten machen. Ich bin äußerst besorgt
„über die an ihrem Fuß noch habenden drey of-
„fenen Wunden, über Ihre vorgerückten Jahre
„und Leibesconstitution, daß Sie bey jetzt vor-
„zunehmenden wichtigen Operationen mit Ihrem
„unbegränzten Diensteifer unterliegen könnten.
„Hierzu kommt noch, daß sie bey vorhabender
„Unternehmung auf Belgrad, bey den täglichen
„und noch mehr nächtlichen Fatiguen, bey der
„nas-

„ nassen und kalten Herbstzeit, und bey der Nothe 1789.
„ wendigkeit alsdann zu campiren, alles dieses
„ ohne Gefahr unmöglich aushalten könnten,
„ und daß, wenn sie auch die Belagerung anfin-
„ gen, Sie solche zu vollenden nicht im Stande
„ wären, welches dann sowohl für Sie höchst be-
„ trübt, als für den Dienst sehr nachtheilig wäre.
„ In Folge dieser Umstände, um Ihren Kindern
„ und dem Staate einen so würdigen Mann noch
„ länger zu erhalten, und weil Sie wirklich hier
„ bey dem Hofkriegsrath wegen aller Vorberei-
„ tungen zur künftigen Campagne höchst noth-
„ wendig sind, muß ich Ihnen auftragen, einst-
„ weilen und bis zur Ankunft des Feldmarschalls
„ Loudon, dem ich das Kommando der Armee
„ übertrage, selbiges dem F. Z. M. Colloredo
„ nebst dem beygeschlossenen Schreiben, in wel-
„ chem der diesfallsige Befehl enthalten ist, zu
„ übergeben, damit Sie noch bey guter Jahrs-
„ zeit gemächlich reisen, und selbige nicht versäu-
„ men, da die hier fortsetzenden Mittel bey noch
„ günstiger Witterung, Ihre gänzliche Herstel-
„ lung desto sicherer bewirken werden. Ich er-
„ warte Sie sehnlichst, mein lieber Feldmarschall,
„ um Ihnen meine Erkenntlichkeit und Zufrie-
„ denheit über das so sorgfältig, als unermüdet
„ geführte Kommando mündlich so, wie ich es
„ hier schriftlich thue, zu bezeugen. Leben Sie
„ wohl auf, und seyn Sie dermalen blos mit
„ Pflegung Ihrer Gesundheit beschäftiget.
„ Joseph.

1789. In der Mitte des August sprach man zu Wien mit gerechtem Lobe von dem schönen Beispiel der unerschütterlichen Treue, welches die österreichisch=niederländischen Regimenter in den letztern Unruhen gegeben hatten. Der Monarch selbst war darüber gerührt, und man will ihn sagen gehört haben: „daß Er, sobald der Friede erfolge, eine niederländische Nobelgarde errichten wolle, und daß dieß der geringste Beweis seiner Dankbarkeit und Achtung sey, den er seinen braven Truppen in den Niederlanden geben könnte. —

In diesem Monate August rechnete man, daß jeder Feldzug der österreichischen Armee die ordentlichen Staatsausgaben jährlich um 70 Millionen Gulden vermehrete; also waren nun schon 140 Millionen extraordinair in Umlauf gesetzt worden; wovon aber, so viel man wissen wollte, sehr wenig außer Landes gegangen war.

Die Veranstaltungen der Belagerung von Belgrad sollten, bis zum Monat August, schon 120000 Kaisergulden gekostet haben.

Dem Prinzen von Coburg schickte der Kaiser den großen militairischen Orden, welcher im Werth auf 40000 Fl. geschätzt wurde, so reich war der Stern mit Brillanten besetzt; nebst dem erhielt der Prinz noch einen kostbaren mit Brillanten besetzten Ring; der russische General en Chef, Suwarow, erhielt von dem Monarchen eine mit Brillanten reich besetzte Dose.

Gleich mit dem 1sten September, gab der 1739.
Monarch abermalen einen hohen Beweis der Toleranz. Höchstdieselben verliehen nämlich allen in der Monarchie befindlichen Juden die Jura Civitatis, nach Höchst eigenem Antrieb: wodurch sie Häuser und Herrschaften kaufen, verkaufen, Edelleute, Freyherren und Grafen, und sogar Landstände werden können und dürfen, alle bürgerliche Gewerbe zu treiben befugt sind, und beim Militair und Civile, nach ihren Kenntnissen und Fähigkeiten, angestellt werden sollen und müssen. Durch dieses menschenfreundliche Gesetz bewogen, werden viele reiche Juden sich in den österreichschen Ländern ansäßig machen, und die aufgehobenen Kirchen- und Klöstergüter an sich kaufen.

In den österreichischen Erbländen erging unterm 4ten Sept. wiederum an die Landesstellen der Befehl, die zweite Kriegssteuer einzutreiben.

Desgleichen ließ der Monarch, mit Anfang dieses Monats Sept., das aufgehobene St. Peterskloster in Brüssel zu einem allgemeinen Hofspital einrichten, in welchem alle arme Kranke und schwangere Weibspersonen unentgeltlich aufgenommen werden sollten.

Ferner wurde durch eine kaiserl. Verordnung Anfangs Sept., verboten, vom 1ten Januar 1790 an, in fremden Ländern geläuterten Zucker in die Erbländer einzuführen.

1789! Ich habe meinen Lesern schon von einer Grabschrift erzählt, welche durch öffentliche Blätter veranlasset worden war, als hätte der Kaiser einen gewissen Abbé zu Larenburg um eine Grabschrift ersucht. Mit Anfang des Monats Sept. habe man diese Grabschrift wirklich, und sie ist so wahr und schön, daß sie jedermann lesen muß:

Cy git

Joseph deux, Empereur, et héros,
Qui ne connut jamais le repos,
Il sacrifia sa vie
Pour la gloire de la patrie:
A son peuple fit le bien, qu'il pouvoit faire,
Sans employer la force à ses principes contraire,
Quoiqu'il sçut bien, qu'un Prince ne sait pas
Du bien à ses sujets avant son trépas.
Affable à tous, allant sans gardes, ni soldats
De l'Europe fut le plus puissant Potentat.
Rome vint voir en auguste Prélat
Le Vainqueur du Fanatisme des ses Etats,
En reformant les Abus, qu'il enseigne,
Il doit servir de Model au prince, qui regne.

Deutsch.

Hier liegt Joseph der zweite, Kaiser und Held, der in seinem Leben keine Ruhe kannte; Er opferte sein Leben für den Ruhm seines Vaterlandes auf. Seinem Volke that er so viel Gutes, als er konnte, ohne Gewalt zu gebrauchen; die gegen seine Grundsätze ist; ob er gleich wußte,

daß

daß das Gute, was ein Fürst thut, nur erst nach dessen Tode erkannt wird. Redselig gegen jedermann, ohne Wache unter den Seinigen einherwandelnd, war er der mächtigste Potentat Europens. Roms hoher Prälat kam den Besieger des Fanatismus seiner Staaten zu sehen, der die Mißbräuche abschafft, so er lehret. Dem Fürsten, so nach ihm regieret, muß er zum Muster dienen.

Den 9ten Sept. geruheten S. Majestät der Kaiser den Herren Medicis folgende Geschenke für ihre bey Höchstdenselben gehabte Mühe in dem geheimen Zahlamt anzuweisen. Der Herr Leibmedikus, Baron von Störk erhielt einen Ring von 7000 Dukaten, nebst einer Anweisung von 12000 Fl. Der alte Herr von Brambilla einen Ring in Werth 3000 Fl. und eine Anweisung von 12000 Fl. Der Herr von Kollmann eine Dose in Werth von 1000 Fl. und eine Anweisung von 6000 Fl. Das Nämliche erhielt auch der junge Herr von Brambilla; der Herr Kammerfourier Lenobel 1000 Dukaten.

Zu Anfang des Septembers las man in einem Privatbriefe aus dem Lager des Prinzen von Coburg folgende Anekdote von dem Siege bei Foksan: Da durch das Geschrey, womit die Türken angreifen, der gemeine Mann oft muthlos gemacht wird; so hatte der Prinz befohlen, daß bei dem Angriff alle Musik der Regimenter sich beständig hören lassen mußte. — Dieser Sieg ist bei

1789 allen Korps, wie er es verdiente, durch ein Te-Deum gefeiert worden.; ein bleibendes Denkmal desselben ist folgendes allerhöchste Handbillet, welches der Kaiser an Se. Durchl. den Prinzen von Coburg, als eine Erledigung auf die von Demselben eingeschickte Relation über die Bataille erlassen hat:

Laxenburg vom 31sten August.

„Herr Vetter!

„Ich lasse Euer Liebden selbst zu beurtheilen über, mit was für einem Vergnügen ich Ihre zwei Schreiben durch den Kadet Pez und den Oberlieutenant Vermaty, die mit einander angekommen sind, empfangen habe, da selbige die Nachricht des über die Türken erfochtenen so glorreichen, als in allem Anbetracht vortheilhaften Sieges enthielten.

„Ich kann Eure Liebden hierüber nicht genug meine Dankbarkeit und Zufriedenheit zu erkennen geben, da ich Ihnen allein die Einleitung und Ausführung dieser Unternehmung, und besonders den guten Esprit, welchen Sie der Ihnen unterstehenden Truppe einzuflößen gewußt haben, verdanke.

„Empfangen Sie also zum öffentlichen Merkmahle meiner Erkenntlichkeit für diesen dem Staate geleisteten wichtigen Dienst das Großkreuz des militairischen Marien-Theresien-Ordens,

dens, das ich Ihnen mit ausnehmendem Vergnügen hiermit überschicke."

„Ich ersuche Sie auch beyliegendes Schreiben, sammt der mitkommenden Tabatiere, dem russischen General Suwarow nebst dem darin liegenden Ring für seinen Aide-Major zu überschicken, und sämmtlichen Generalen, Stabs- und Oberoffizieren, so wie der ganzen Truppe, nicht allein meine Zufriedenheit, sondern auch meinen Dank für die treugeleisteten Dienste, und den meinen Waffen erworbenen neuen Ruf, zu bezeugen, weil man die Relation von dem verschiedenen tapfern Benehmen der Truppe ohne Rührung nicht lesen kann, nur thut mir leid, daß ich nicht selbst ein Augenzeuge und Theilnehmer ihrer Fatiguen und Gefahren seyn konnte.

„Auch bedaure ich sehr den Verlust des Obersten Auersperg."

Joseph.

Hierauf erließen Se. Hochfürstl. Durchlaucht, der Prinz von Coburg, an den Herrn Feldmarschalllieutenant, Baron Spleny, nachstehendes Schreiben:

Feldlager bey Gerlitscheny am Milkov in der türkischen Wallachey, den 23. Aug. 1789.

„Bey dem gemeinschaftlichen Antheil, welchen die gesammten mir unterstehenden Truppen an denen am 30sten July und 1sten August gegen

1789. Feind glücklich ausgeführten Unternehmungen durch ihre bezeigte Tapferkeit und guten Willen sich erworben haben, halte es für meine Pflicht, denenselben auch die besondere Zufriedenheit und Huld, mit welcher Se. Majestät der Kaiser unsere Bemühungen aufgenommen haben, nach dem vollen Inhalte mitzutheilen, weswegen dem Herrn Feldmarschalllieutenant das darüber erflossene allerhöchste Handbillet hier in Abschrift mitgegeben wird, damit Sie selbiges allen Ihrem Kommando unterstehenden Generals, Regimentern und Bataillons weiters bekannt machen, und wörtlich hinausgeben wollen; anbey aber bitte sowohl Sie selbst, als alle Herrn Generals, Staabs- und Oberoffiziers und Mannschaft sich zu überzeugen, daß ich die von allerhöchsten Orten empfangene Gnade, sowohl der Huld unsers allerhöchsten und gnädigsten Monarchen, als auch eben so sehr der Mitwirkung meiner Untergebenen zu verdanken weiß, und fortan mein einziges Vergnügen darin suchen werde, das Wohl meiner rechtschaffenen Gefährten nach Möglichkeit zu befördern."

Prinz Coburg,
General der Kavallerie.

Anfangs Oktober kam die Erzherzogin Prinzeßin Elisabeth von Würtemberg, welche in ihrer Schwangerschaft glücklich fortging, mit dem schönen und vortreflichen Ansuchen zum Kaiser, daß sie das zu erwartende Kleine selbst stillen dürfe; der Monarch höchst entzückt über dieses besondere Merkmal deutscher Mutterliebe bewilligte es nicht nur,

nur, sondern überschickte ihr auch als Zeichen 1789. seines höchsten Wohlgefallens ein prächtiges Bouquet von Brillanten zur Zierde dieser wahren Mutterbrust.

Unter dem 6ten Oktober erschien auf des Monarchen Befehl folgender General-Pardon.

„Von der römisch. kaiserl. königl. apostolischen Majestät wegen, wird hiermit jedermänniglich kund und zu wissen gemacht: In der Erwägung, daß der auf zwölf Monate vom 1sten May 1788 bis letzten April 1789 allenthalben kund gemachte General-Pardon für alle innerhalb dieses Termins sich stellende, und außer der Desertion mit keinem andern Kapital-Verbrechen befangene kaiserl. kön. Deserteurs gleichwohl während dieser Zeit nicht allen, besonders in fremdem Gebiet sich aufhaltenden Ausreiffern, zur Kenntniß gelanget seyn mag, um noch vor der Expirirung des mit Ende April erloschenen Rückkehr-Termins sich gehöriger Orten stellen zu können, haben Se. kaiserl. königl. apost. Majestät die Erstreckung des General-Pardons auf andere sechs Monate solchergestalten einzugestehen allergnädigst geruhet, daß allen denjenigen, die von Dero Armeen entwichen, und außer der Desertion mit keinem andern schweren Verbrechen befangen sind, vom 1sten Sept. 1789 bis Ende Februar 1790 in diesseitige Dienste und Lande freywillig zurückkehren, bey der Armee, oder an was sonst für Orten inner Lands oder ausser Lands bey den diesseitigen Ge-

1789. sandtschaften sich melden, ihren begangenen Fehler und Meineid bereuen, und fürhin in kaiserl. Diensten beständig zu verbleiben angeloben, sie mögen Inländer oder Fremde, auch dermahlen in diesseitigen oder in auswärtigen Landen verborgen, oder sonst in auswärtigen Landen befindlich seyn, alle Bestrafung, Ahndung und Nachtheil ihrer Ehre und guten Leymuths vergeben, nachgesehen, vergessen und aufgehoben wird, und sie ohne einzige Widerrede, Bedenken, Hinderniß oder Ahndung angenommen, und in die gewöhnliche Pflicht neuerdings gesetzet, denenselben ihres begangenen Fehlers halben nichts vorgeworfen, sondern alles diesfalls in ewige Vergessenheit gestellet werden soll, mithin auch sie ohne alle Scheu, und mindeste Bestrafung sich aller Orten, sowohl in als außer Landes melden mögen, gleichwie auch alle diejenigen, welche zu kaiserl. königl. Kriegsdiensten nicht mehr fähig befunden werden, bey ihrer Rückkehr frey in den diesseitigen Landen verbleiben können, welche Gnade aber nur auf alle jene Deserteurs sich versteht, die vor erfolgter Kundmachung dieses Patents entwichen sind."

„Welches ihnen demnach zu ihrer Sicherheit hiemit kräftigst zugesagt, und zugleich allen Generalen, Obersten, und andern Offizieren zu dem Ende erinnert wird, um auch ihres Orts sorgfältigst darauf zu sehen, damit in Ansehung dieser binnen der obberührten Zeitfrist sich anmeldenden Deserteurs all- und jedes, so vorgedachtermaßen aus besonderer allerhöchster Milde denselben zugestanden wird, auf das genaueste beobachtet werde."

„Wie

„Wie aber allen diesen auf die eine oder die andere Art zurückkommenden Ausreissern sothane Gnade, und der Pardon ganz ohnfehlbar und gewiß widerfahren soll, so werden diejenigen, welche in ihrem Meineid verharren, in dem obangesetzten Termin sich nicht melden, sondern solchen fruchtlos verstreichen lassen, nicht mehr, und auf keine Art auch in zukünftigen Zeiten an= und aufgenommen werden, noch den Pardon erhalten, sondern es bleibt ihnen auf den Fall ihrer Betretung, wenn es immer seyn mag, wie denen, welche nach Publizirung des gegenwärtigen General=Pardons entwichen sind, die in den kaiserl. königl. Kriegsartikeln ausgemessene Strafe allerdings vorbehalten, welche auch an ihnen mit aller Schärfe ohne einige Nachsicht oder Gnade vollführet werden wird."

„Wornach ein jeglicher sich zu benehmen, vor Schaden zu hüten, und was hiermit verordnet ist, zu beobachten wissen wird. Wien, den ersten Monatstag September im Siebenzehnhundert neun und achtzigsten Jahr."

In Abwesenheit
des Kriegspräsidenten
Michael Graf von
Wallis, Feldzeugmeister.

(L. S.)   per Sacram Caef. Regiam
             Apostolicam Majestatem,
             Die et anno, ut supra.
                Von Dürfeld.

Der

1789. Der Feldmarschall Loudon bat sich in der Mitte des Sept., von dem Monarchen folgende drei Punkte zur Gnade aus: 1) daß er eine hinlängliche Anzahl Rohrdecken und wollene sogenannte Rozen erhalte, um die Verwundeten, bis sie in die Spitäler kommen, auf die Rohrdecken legen und mit den Rozen bedecken lassen zu können; 2) daß jedem Unteroffizier und Gemeinen, während der Belagerung von Belgrad, täglich ein Seidel Wein gereicht werden, und 3) daß ihm erlaubt werden möchte, den General Schmakers, der nach Triest bestimmt war, bey seinem Heere zu behalten, weil er seiner bedürfe. Der Kaiser genehmigte alle diese Punkte sogleich.

Zwo Frauen, wovon die eine einen Kopfputz à la Turque hatte, überreichten gegen Ende des Septembers, dem Kaiser, zu Hetzendorf, Bittschriften. Er genehmigte das Gesuch der einen, sagte aber zu der andern: „sie müsse sich an ihren „Monarchen, den türkischen Kaiser wenden; „denn ihr Kopfzeige deutlich, daß sie eine tür- „kische Unterthanin wäre."

Der Kaiser Joseph der Zweyte schien, mit Ende des Septembers, sehr von dem Grundsatze zurückgekommen zu seyn, nämlich: man müsse alle Provinzen eines weiten Reichs, wie einen Klavierakkord zusammenstimmen. Das gelang noch keinem, in der Religion, wie in der Gesetzgebung Sprache und Gebräuchen. Die Römer verfuhren hier-

hierinnen sehr behutsam. Julians Genie schei= 1789.
terte an dem Felsen dieses Vorsatzes, und Karl
der Große richtete mit der blutigen Gewalt gar
wenig aus. Theodorich, barbarischen Andenkens!
ließ jedem seiner Bürger seine Gesetze und Rich=
ter. Der Gothe wurde nach gothischen, der Rö=
mer nach römischen Gesetzen gerichtet. Auch stand
es frey, Gott in Tempeln oder unter einer Eiche
anzubeten. Eben diese politische und religiöse To=
leranz stimmte die rauhtönenden Pfeifen in seinem
weiten Staate, (Italien, Sicilien, Rhäzien, No=
rikum, Dalmazien, Liburnien, Istrien, und noch
mehrere Länder waren sein,) zu einem großen
harmonischen Ganzen, wo man, wie bei einer
Orgel, wenn man alle Register zieht, die Wölfe
nicht heulen hört. Nach eben diesen Grundsätzen
handelte itzt Joseph II. in seinen ungarischen, ita=
lienischen, polnischen, deutschen, und niederlän=
dischen Staaten*).

Dem

---

*) Immer freut sich mein deutsches Herz, wenn ich in
 Grotius, diesem erhabenen gesetzgebenden Kopfe
 lese, mit welchem Enthusiasmus er von den altdeut=
 schen Gesetzen spricht. Wie er an den römischen Ge=
 setzen übertriebene Feinheit, Wandelbarkeit, Unstät=
 heit, lästige Weitläuftigkeit tadelt; so sagt er von den Ge=
 setzen der Deutschen: da find ich Einfalt, Kürze, Klar=
 heit, so wie ein Hausvater mit seinen Hausgenossen
 spricht. Gott selber, spricht der große Mann, muß
 Wohlgefallen an dieser Einfalt haben.

1789. Dem Blicke Josephs des Zweiten entging nichts: als, im Monate Oktober, der Rittmeister von Hammer (welcher die erste Nachricht von dem Siege des Prinzen Coburg überbrachte), in Hetzendorf sich anschickte, zu Pferde zu steigen, um in Wien als Siegesbothe einzureiten, bemerkte der Monarch, daß sein Hut vom Moldauisch- und Wallachi'schen Staube fast durchdrungen und ziemlich abgetragen war. — „Was haben Sie „da? rief der Kaiser mitten unter der Erzäh- „lung des Rittmeisters, für einen zerdrückten „und zerrissenen Huth?" — Er war im Anfange des Feldzugs ganz neu, versetzte der Kourier, aber durch Strapazen, die er als mein gewöhn- liches Kopfküssen auszustehen hatte, ist er in den schlechten Stand gesetzt worden, und bei den Türken giebt es keine Hüte zu erbeuten. — „Die- „ser Hut schickt sich nicht für einen Major," fuhr der Monarch fort.

Der Rittmeister erkannte dieses schmeichel- hafte Kompliment, und dankte. Nun mußte ein Leiblaquay einen Hut des Kaisers bringen, den er auch beim Einritt in Wien aufhatte. Nach einer andern Erzählung nahm der Kaiser den Hut, den er selbst aufhatte, ab, und setzte sel- bigen dem Kurier auf.

In Vorderösterreich ergieng, noch in dem Monate Oktober, die Verordnung, daß jedermann die zum Verkauf bestimmten Früchte künftig nicht mehr in seinem Hause, Speichern und Scheuern aus-

ausgenommen, den Ortseingesessenen zu ihrem 1785. nöthigen Hausgebrauche, verkaufen oder vertauschen, sondern solche auf die öffentlich angeordneten Märkte selbst bringen oder bringen lassen sollte. Auf den Uebertretungsfall ist Konfiskationsstrafe gesetzt, wovon der Denunciant, und wenn er selbst der Käufer wäre, den dritten Theil erhalten sollte.

Als der Oberstlieutenant von Riesmayer den mündlichen Bericht wegen des Sieges bey Martinestie dem Kaiser abstattete, so fragte dieser: „Wo wollt Ihr denn Winterquartiere nehmen?“ — In Bulgarien, Ew. Majestät, war dessen Antwort; wenn wir nur noch eine Verstärkung von 6000 Mann erhalten. — Diese Antwort gefiel dem Monarchen so sehr wohl, daß er ihn am 9ten Oktober mit einem prächtigen Ringe, 4000 Gulden am Werth, beschenkte, und ihm anbefohl, um den Theresien-Militär-Orden (den Ordensstatuten gemäß) schriftlich einzukommen.

Am 26sten Oktober hielt der Kaiser im Prater eine Jagd, allwo er zwey wilde Schweine schoß, davon er eins dem Leibmedikus Baron von Störk, das andere dem Herrn von Brambilla, mit dem Beysatze verehrte: „Ich muß Ihnen schon ein Präsent machen, weil Sie mir zu jagen erlaubt haben.“

Am

1789. Am 22sten November wurde von Klagenfurth aus in Wien der Tod der Durchlauchtigsten Erzherzoginn Maria Anna von Oesterreich, der erstgebornen Tochter Marien Theresiens und Franzens, der frömmsten, wohlthätigsten und geliebtesten Prinzessinn, berichtet. Ihr Alter reichte bis auf 52 Jahr, denn sie war den 6ten Oktober 1738 geboren.

Mehr als alle Gedichte, die auf Josephs jüngste Siege gemacht wurden, gefällt mir der Einfall der Bayern in einem kleinen Tyroler Dorfe. Diese pflanzten drey Zederbäumchen auf eine Anhöhe, Joseph, Loudon und Coburg zu Ehren; und gruben in eine Säule die Warte: Wachset bis ihr alle Bäume überschattet. — Ein grosser Herz- und geistvoller Gedanke!

Noch im Monat November wurde Joseph zu Ehren in Wien eine Bildsäule — leider nur von Porzellan errichtet, und in der dasigen Porzellanfabrik aufgestellt, die ich ihrer treflichen Erfindung halber anzeigen muß. Auf dem Fußgestelle sind in erhabener Arbeit allegorische Figuren, die Josephs Karakter deuten. Ein geflügelter Genius, mit der spielenden Flamme auf dem Scheitel, zeigt Josephs Genius an, der die Göttin Aſträa vom Olympos herunterführt, und die kommende seinem Volke zeigt; unten steht: Ad Tua vota redux, d. i. „nach seinem Wunsche wiederkehrend." Die Gruppe deutet auf die Herrscherweisheit Joseph, der —

mit

mit dem Blicke aufs Ganze geheftet, ohne jeden Theil mit kleinlicher Sorge schonen kann. Die Zeichnung dieses treflichen Bildes ist Herrn Fügers Meisterarbeit.

———

Gleich mit Anfange des Monats Dezember bewilligte der Monarch, daß der arbeitsamen Klasse in Vorderösterreich, nämlich den Bürgern und Bauern, noch durch drey Jahre; also von itzt bis den 30sten Oktober 1792, aus den bereits eingegangenen oder sonst vorhandenen Kirchenstiftungs= und Waisengeldern gegen sichere Hypothek zu 5 Procent und Zurückzahlung in fünfjährigen Fristen, Kapitalien geliehen werden dürfen.

———

In dem Augenblicke, als der Erzherzog Franz von Loudons Armee zurück in Wien eintraf, brannte das kaiserl. Pavillon, das Lustwäldchen genannt; und der Erzherzog war der erste, der es dem Monarchen anzeigte. „Eine Kleinigkeit,“ sagte der Kaiser lächelnd, „es ist ohne „Zweifel ein Freudenfeuer wegen Ihrer glück= „lichen Zurückkunft.“

Joseph der Zweyte belohnt Verdienste.

So ließ er, Anfangs Dezember, der ehemaligen Vorsteherinn des Militär=Offizierstöchter= Stifts in Hernals, der Frau Barbara Zehe, einer verwittweten Hauptmännin und gebornen tinn, ein Denkmal setzen, mit folgender

1789.
„ Der Wohlthäterinn ihres Geschlechts und
„ Erfüllerinn der Wünsche des Monarchen,
„ durch Bildung Militär-Offizierstöchter zu
„ künftigen Erzieherinnen und Beförde-
„ rinnen der Sittlichkeit, Barbara Zehe, nach
„ zehnjähriger Leitung des von ihr einge-
„ leiteten Mädchenstifts."

„ Der ächte Mutterfleiß in Geist und Herze
lenken,
„ Erwarb von Josephs Huld dies fürstlich
Angedenken.
„ Im July 1789."

Diese Inschrift steht auf ihrem vom Hofmah-
ler Herrn Weikart sehr wohl getroffenen Portrait,
welches der Büste des Kaisers gegenüber daselbst
im Saal aufgehängt ist. Frau Zehe ist überdies
zum Beweise ihrer erkannten Verdienste seit dem
1sten November d. J. auch zugleich Direktrize in
dem Mädchenstifte zu Wien ernannt, und behielt
dabey die Oberaufsicht zu Hernals.

„ Wenn Ihnen mein Leben lieb ist, " sagte,
Anfangs Dezembers, der Kaiser zu dem Staatskanzler, Fürsten von Kaunitz, „ so übernehmen
„ Sie die niederländischen Angelegenheiten: sie
„ tödten mein Vaterherz."

Folgendes Schreiben, womit der berühmte
Linguets, als er in Brüssel gefangen saß, sich an
Se.

Se. Majestät den Kaiser wendete, dienet zu einem neuen Beweise, daß der gütige Monarch so groß im Verzeihen war, als es je ein Philosoph auf dem Throne gewesen. Er vergab dem kühnen Schriftsteller auch den freien Ton dieses Schreibens, welches also lautet:

1789.

Brüssel aus der Bastille, den 1sten November 1789.

„ Ja, Sire, aus der Bastille. Sie ist zu Paris zernichtet. Von allen denen Gewaltthätigkeiten, die sich in Frankreich seit drey Monaten so vervielfältigen, ist dies die einzige, der ich meinen Beifall gab; und darin war ich mit dem eins, was Ew. Majestät selbst in Person zu mir sagten.

„ Von diesem greulichen Schloß, dem Rachepallast. (De cet affreux chateau, palais de la vengeance.)

„ Es ist für mich hier wieder aufgeweckt, und grausamer und schädlicher, wo möglich wieder erweckt, als es je an den Ufern der Seine war. Ich will Ew. Majestät Augenblicke nicht mißbrauchen. Hier ist aufs kürzeste als ich kann, die Geschichte meiner Begebenheit und Lage. Unter meinen Papieren ist noch eine andere, die Euer Majestät eines Tages vielleicht werden kennen lernen, sie wird Höchstdenenselben gewiß etwas Erstaunen erregen; sie bezieht sich auf andere Epochen meines Lebens: aber diese werden Höchstdieselben nicht ohne Mitleid und ohne Unwillen lesen.

E 2

1789. „In der Nacht vom Sonntage den 17ten Oktober auf Montags den 18ten, nachdem ich den Tag zu Erfüllung des Verlangens des Hrn. Grafen von Merci zugebracht hatte, der mittelst eines Briefs aus Paris vom 9ten mir eine den persönlichen Dienst Ew. Majestät betreffende Arbeit aufgetragen hatte, um 1 Uhr nach Mitternacht, ward ich durch den Lärm aufgeweckt, den ein Haufe bewaffneter Leute machten, die meine Thüre gegen die Strasse einsließen. Kaum war sie dergestalt geöffnet, als mein Haus von Grenadieren überschwemmt war, unter Anführung dreyer mir unbekannter Leut, die sich Hommes de loi (Gesetzes=Leute) nännten, und die, ohne irgend einen Befehl vorzuweisen, ohne zu sagen, woher, in wessen Namen sie handelten, ohne alle Rechtsgründe, ohne alle andere Bewegung als der, daß sie die Spitze der Bajonette auf meine und meiner Bedienten Brust sezten, mich mit meinem Sekretaire aus meinem Hause wegführten. Man hat alle meine Leute aus meinem Zimmer gejagt, ohne mir zu erlauben, mit jemanden, es sey, wer es wolle, zu sprechen. Man hat die Siegel aufgedruckt, ohne zu wollen, daß ich solche rekognoscirte oder mein Petschaft beydruckte: Man hat Schildwachen vor allen Thüren gelassen, und man hat mich hieher gefangen gesetzt, auch mit einer Schildwache, bei Tag und bei Nacht, vor der Thür; man sagte mir, daß es eine Gnade wäre, daß man nicht eine hineinstellte " u. s. w.

Durch

Durch ein Hofdekret vom 1sten Dezember erlaubte der Kaiser, daß es jedermann, der von nun an ein geistliches, Stiftungs und Kameralgut oder Realität in den deutschen Erbländern käuflich an sich bringen will, frei stehen soll, die Hälfte des Kaufschillings in vierprocentigen öffentlichen Staatspapieren, nach ihrem vollen Kapitalswerthe, statt baaren Geldes abzuführen.

1789.

Jahr 1790.

Am 7ten Januar 1790 feierte der Kaiserl. Reichshofrath ein Fest, an dem jeder deutsche Patriot Antheil nehmen wird. Es waren nämlich an diesem Tage 50 Jahre, daß der noch gegenwärtige ehrwürdige Reichshofrathspräsident, Freiherr von Hagen, in dieses höchste Reichsgericht eingeführt wurde. Die Gerechtigkeitsliebe, die Thätigkeit und der unermüdete Fleiß, mit welchem dieser würdige Greis 3 Kaisern in dem wichtigen Richteramte seine Kenntnisse und Einsichten gewidmet hat, und die unerschütterliche Rechtschaffenheit und Geradheit, die ihm schon lange allgemeine Liebe und Vertrauen erwarben, veranlaßten eine allgemeine Theilnehmung an seiner Amtsjubelfeier, und an der schätzbaren Belohnung, die ihm durch den Beifall und die Zufriedenheit zu Theil geworden ist, welche der Kaiser ihm an diesem Tage in einem gnädigen Handschreiben, und Abends, da ihn der Monarch zu sich rufen ließ, mündlich bezeugte. Der Reichshofrathsvicepräsident, Graf von Ueberracker, be-

1790. zeugte dem würdigen Chef vor dem Anfang der Rathssitzung, im Namen des gesammten Reichshofrathskollegiums, dessen Glückwünsche in einer schönen Anrede, welche der Herr Präsident mit einer rührenden Danksagung beantwortete. Das Schreiben, womit ihn der Kaiser während der Rathssitzung beehrte, war folgenden Inhalts:

„Lieber Baron Hagen.

„Nicht Amtsgeschäfte, sondern Gefühle ver-
„anlassen mich, diese Zeilen an Sie zu schreiben.
„Ich vernehme, daß heute der Tag ist, wo sie
„seit vollen 50 Jahren dem reichshofräthlichen
„Gremio beisitzen. Empfangen Sie aus diesem
„Anlasse meinen aufrichtigsten Wunsch über Ihr
„so glücklich erreichtes Alter und dessen noch län-
„gere Fortdauer, zugleich aber auch die Versi-
„cherung, daß ich als oberster Richter für die
„Ehre der Reichsjustiz und für das Beste der
„Partheyen nichts ansehnlicher wünsche, als daß
„Männer von Ihrer Rechtschaffenheit und Ein-
„sicht sämmtlich in die funfzig Jahre diesem
„Reichsgerichte einverleibet bleiben und vor-
„stehen mögen.

Joseph."

Unterthanen-Liebe.

Die Brüder Wenzel und Ezechiel von Ber-, Studenten auf dem Gymnasium zu Leutschau in der Zypser Gespannschaft, schickten in diesem Monat Januar dem Hofkriegsrath eine Bittschrift zu, worin sie sagten, sie hielten es für ihre
Pflicht,

Pflicht, da der gegenwärtige Türkenkrieg einen großen Aufwand erfordere, nach Kräften den Landesfürsten und das Vaterland zu unterstützen. Da sie aber zu jung wären, um in Kriegsdienste zu treten, und dennoch Beweise ihres Eifers und ihrer Treue geben wollten, so bäthen sie, einen von ihrem Rekrationsgelde ersparten Beitrag von 2 Dukaten, als ein Kriegssubsidium, gnädigst anzunehmen.

Als man dem Kaiser von diesem rührenden Beispiele der aufkeimenden Bürgertugend Nachricht gab, befahl der Monarch, für diese beiden Jünglinge, zur Belohnung ihres patriotischen Eifers, zwey grosse silberne Denkmünzen an die Behörde zu schicken, und diese anzuweisen, daß der Vicegespann des Komitats ihnen das ehrenvolle Denkmal seines Wohlgefallens an einem Sonntage nach dem Gottesdienst, in Gegenwart aller Mitschüler und Lehrer, umhängen sollte.

Das Wiener Armen=Institut hatte im vorigen Jahr 1789 137,502 fl. 38 Kr. und seit seiner Errichtung vom 1sten Sept. 1783 bis zu Ende des letzten Dezembers 1789 allein, ohne die andern Versorgungsanstalten, 1 Million 163,254 Fl. eingenommen

In dem Umfange der gesammten Kaiserl. Königl. Staaten, Gallizien mit eingeschlossen, sind im Jahre 1789 im Civilstande 418014 Personen

1790. nen geboren worden, und 367816 verstorben. Die Anzahl der Ehen betrug 87792.

Wegen ihrer Tapferkeit bei dem am 22sten Sept. 1789 am Rimnik über den Großvezier erfochtenen Siege erhielten 21 Mann goldene, und 260 Mann silberne Denkmünzen.

In den 21 Spitälern, welche die barmherzigen Brüder des Johannisordens in der Monarchie besitzen, sind im Jahre 1789, 11209 Kranke verpflegt, und aus diesen 9969 hergestellt worden, so daß nur 1240 gestorben sind.

In Wien sind im verflossnen Jahre 356 Personen an den Blattern, 528 an Schlagflüssen, und 389 am Faulfieber gestorben.

Das Königreich Böhmen erhielt, in dem Monate Januar 1790 ein neues Kleinod. Es ward nämlich in dem Königl. Landhause zu Prag das Hauptarchiv *) des ganzen Steuergeschäfts angelegt, allwo man binnen wenig Minuten dem kleinsten, so wie dem größten Grundbesitzer, die Beschreibung und das neue Maas seines Besitzes, seine Lage, Zahlung, u. d. gl. vorlegen und eröffnen kann.

---

*) Das erste Kleinod heißt im Königreich Böhmen das Königl. Landarchiv, allwo man eigentlich alle Verhandlungen jedes landtäflichen Grundbesitzers aufbewahrt.

Genaue Uebersicht der Einnahme von den 1790: österreichischen Niederlanden.

Jährliche Subsidien 4,400,000 Fl. An Ein- und Ausfuhrzollgebühren 2,600,000 Fl. Erträgniß der Kammergüter 2,000,000 Fl. Ausser diesen erheben noch die Stände zur Zahlung der Interessen für 9 Millionen Schulden 3,000,000 Fl. Für Verwaltungskosten, Gerechtigkeitspflege, Polizey, Herstellung und Erhaltung öffentlicher Gebäude und anderer Werke 4,000,000 Fl. Werden also in allem erhoben 16 Millionen Gulden. Von diesen Einkünften fliessen aus den liegenden Gründen 5,000,000 Fl. Aus der Konsumtion 6,400,000 Fl. Von den Zöllen 2,600,000 Fl. Von den Kammergütern 2,000,000 Fl. Summe 16,000,000. Verwendung: der Militairaufwand erfordert jährlich 4,000,000 Fl. Besoldungen, Anweisungen und Gnadengelder der Regierung 400,000 Fl. Interessen für die in diesen Provinzen erhobenen Kapitalien 3,000,000 Fl. Für Verwaltungsunkosten, Gerechtigkeitspflege, Polizey, Herstellung und Erhaltung der Gebäude und Werke, wie auch zu Rückzahlung der Darlehen, 4,000,000 Fl. Summe 11,400,000 Fl. Ueberschuß 4,600,000 Fl.

Neue Erfindung.

Zu Prag hat ein Bildhauer eine mit einem Uhrwerke versehene künstliche Frauenzimmerhand verfertiget, die einige Zeilen ganz leserlich schreibt, einige Stiche näht, spinnt, eine Pistole los-

losschießt, kurz die meisten gewöhnlichen Bewegungen der Hände nachahmt.

Anfangs Februar erhielten die Buchhändler und Buchdrucker den Befehl, bei 50 Gulden Strafe nichts ohne Censur zu drucken. Im zweiten Uebertretungsfalle verlieren sie ihr Gewerbe, und wer etwas ohne Censur druckt und außer Land versendet, wird als politischer Verbrecher behandelt. Auch das Haufiren mit Büchern ward verboten.

Joseph des Zweyten Reise nach der Krimm.

Im Jahr 1683 waren es die Krimmischen Tatarn vorzüglich, welche das Land Oesterreich mit Furcht und Graus erfüllten, Wiens blühende Auen, und Städte und Flecken und Dörfer rings um die Stadt in eine Wüste und in Aschenhügel verwandelten, viele tausend Unterthanen Leopolds in Ketten mit sich fortschleppten, und diesen vor ihnen fliehenden Kaiser selbst zu rauben droheten. Und im Jahr 1787 gieng der Enkel Leopolds, Joseph der Zweite, als Graf von Falkenstein, mitten durch die Krimm, und mit tiefer Ehrfurcht blickten ihn eben diese Tatarischen Horden an, deren Geschäft es seit Jahrhunderten war, im Erbe seiner Väter zu plündern, zu brennen und zu morden.

Nach

Nachdem Katharina die Zweyte vollkommene 1790.
Herrscherinn der Krimmischen Tatarey geworden, beschloß sie diesen ihren neuen Staat, den sie für die Zukunft Taurien zu nennen befahl, in eigener Person zu bereisen, und daselbst mit allem Glanz einer Kaiserinn zu erscheinen. Kaiser Joseph ergrif diese Gelegenheit, seine hohe Bundesgenossinn abermals zu besuchen. Er ging am 11ten April 1787 mit dem General Kinsky und einem kleinen Gefolge, wie gewöhnlich als Graf von Falkenstein, aus Wien ab, hielt sich eine Weile in Lemberg und den benachbarten Gegenden auf, setzte dann seine Reise durch Polen fort, besprach sich zu Korsum mit dem Könige von Polen und langte am 14ten May in der neuen Stadt Cherson an.

Die Kaiserinn von Rußland war indessen zu Anfang dieses Jahres mit einem sehr zahlreichen und prächtigen Gefolge von Ministern, Generalen, Hofdamen, Staats= und Militärpersonen von Petersburg nach Kiew gegangen. Dort bestieg die ganze Reisegesellschaft eine eigene dazu bereitete Flotille von zwanzig Galeeren. Man ging den Dnieper hinab, bis zu der polnischen Stadt Kaniew. Dort befand sich der König von Polen, welcher der Kaiserinn einen Besuch auf ihrer Galeere machte, an deren Bord auch das eben eingefallene Geburtsfest des Königs gefeiert wurde. Von Kaniew wurde die Fahrt noch zu Wasser bis Krementschuck fortgesetzt, wo dann die ganze Gesellschaft ans Land stieg, und in Wägen die Reise weiter nach Cherson machte.

Bei

1790.

Bei dieser Stadt, in der benachbarten Gegend, und in der Krimmischen Halbinsel selbst, hatte sich eine russische Armee von etwa 120000 Mann zusammengezogen, um Ruhe, Ordnung und Sicherheit für die hohen Reisenden zu handhaben.

Als Kaiser Joseph in Cherson eintraf, war Katharine noch nicht daselbst angelangt. Er ging also derselben über Kaidak entgegen, wo sie am 18ten May einander begegneten, sich zusammen in einen Wagen setzten, und am 23sten in die Stadt Cherson einfuhren.

Unter dem glänzenden Gefolge der Kaiserinn befanden sich, nebst vielen russischen und polnischen Herrschaften, auch der Bothschafter des kaiserl. königl. Hofes, Graf von Cobenzl, so wie der französische und englische Gesandte, Graf von Segür und Herr Fitzherbert, die Fürsten Potemkin, Ligne und Nassau, die beiden Minister an der Pforte, Herbert und Bulgakow, welche eigens aus Konstantinopel nach Cherson gekommen waren.

Joseph befand sich meistens in der Gesellschaft Katharinens. Sie speisten miteinander, fuhren durch die Stadt, Vorstädte und die umliegende Gegend. Die Kaiserinn besah die neuen Gebäude und Anstalten: theilte Geschenke, Beförderungen, Orden, Aemter und Ehrenstellen aus; gab einem neu vom Stapel gelassenen Kriegsschiffe von 80 Kanonen, den Namen Joseph der Zweyte: und wohnte te mit ihrem hohen Gaste einigen öffentlichen Er- 1798. gözlichkeiten bei.

Beyde Monarchen liessen jetzt den größten Theil ihres Gefolges in Cherson, und gingen mit einem kleinern am 27sten Mai nach der Krimmischen Halbinsel ab. Am 28sten setzten sie in einer Schaluppe auf die Insel Taman über. Am 29sten kamen sie nach Perecop, und Joseph besah dort die Befestigungslinien an der Erdzunge, sammt der umliegenden Gegend. Am 30sten trafen sie in Baktschi-Sarai ein, dem Wohnplatze der ehemaligen Khans der kleinen Tatarey; und dieses Baktschi-Sarai, mitten in der Krimm, ward an demselben Tage nach Art europäischer Residenzstädte erleuchtet.

Die Kinder adelicher Griechen und Albaner, und tatarischen Mursen, kamen am 1sten Junius zum Handkuß Katharinens, und zu Mittag speiste der dem Koran getreue Mufti, Musalaph Effendi, mit einer griechischen Käiserinn und einem katholischen Kaiser an derselben Tafel.

Von da ging die Reise nach dem Seehafen Sebastopel; wo die beiden hohen Reisenden ein Kriegsschiff bestiegen, die dort liegende Flotte und verschiedene Manövres besahen, dann den Rückweg wieder durch Baktschi-Sarai nach Theodosia nahmen; und weiter über Perecop nach Berislaw reiseten.

Hier nahm Joseph der Zweyte von Katharinen der Zweyten, am 13ten Juny Abschied, und

ging

1790. ging mit solcher Schnelligkeit über Lemberg nach seinen Staaten zurück, daß er schon am letzten Juny wieder in Wien eintraf.

Die Politiker und Kannengießer ermangelten nicht, über die Reise nach der Krimm ihre Vermuthungen und Schlüsse anzuspinnen. Gewiß ist indessen, daß Josephs philosophische Neugierde, und bekannter Durst nach Kenntniß fremder Völker und Staaten, großen Antheil daran hatten. Und was etwa von politischen Absichten dabey zum Grunde lag, das entwickelte sich bald darauf, und war eigentlich keine unerwartete Erscheinung.

So wandelte in diesem Jahre der Kaiser der Deutschen durch ein Land, wohin wahrscheinlich vor ihm noch kein Deutscher gekommen war, außer in Sklavenfesseln oder in russischer Uniform.

Katharine hatte diese Reise mit aller nur möglichen Pracht und sehr grossem Aufwand gemacht. Viele tausend Pferde wurden dabey gebraucht. Die Kosten müssen eine Million Rubel überstiegen haben. Dieser schon an sich selbst merkwürdige Zug nach Taurien, wurde durch die Theilnehmung Josephs für ganz Europa noch auffallender. Die ottomannische Pforte konnte dabey am wenigsten gleichgültig seyn. Sie schickte einige Schiffe nach dem nur wenige Meilen von Cherson entlegenen Oczakow, und versammelte in der Nachbarschaft dieser Festung eine Landarmee von einigen tausend Mann. Auch verstärkte sie die Besatzung in Choczim, Bender und den übrigen Plätzen Bessarabiens.

Wäh-

Während der ganzen Reise der beiden Souveraine hielten sich zwar alle diese Türkenhaufen ruhig; aber bald ward der Schauplatz blutig, und der Ost und Nord von Europa gerieth in Flammen.

Joseph des Zweyten erster Feldzug gegen die Türken.

Bald nachdem der russische Minister Bulgakow von seiner Reise nach Cherson wieder in Konstantinopel eingetroffen war, ward er zu dem Reis-Effendi gerufen. Man legte ihm einige Punkte vor, die er sogleich entscheidend beantworten sollte. Er schlug dieses aus, und brachte die Beschwerden seines Hofes gegen die Pforte vor. Die Unterhandlung wurde mit Bitterkeit fortgesetzt. Der kaiserl. königl. Internuncius und der französische Bothschafter trugen ihre Vermittelung an, aber sie wurden zurückgewiesen. Am 16ten August 1787. wurde Bulgakow zum Großvezier vorgeladen; und da er die Forderung, auf der Stelle die Zurückgabe der Krimm zu unterzeichnen, ausschlug, führte man ihn geradezu in die sieben Thürme.

Am 24sten August wurde der Krieg gegen Rußland in Konstantinopel förmlich erklärt. Eben diese Erklärung wurde sogleich auch in die Provinzen, mit den darüber nöthigen Befehlen an die Vorsteher derselben gesendet. Die nächsten Tage darauf fingen schon die Feindseligkeiten zu Wasser und zu Lande an.

Es war vorauszusehen, welchen Antheil Kaiser Joseph an diesem Kriege nehmen würde. Sogleich gingen nach Ungarn und in die benachbarten Provinzen wirkliche Befehle, alles zu veranstalten, was bey einem ausbrechenden Kriege nöthig seyn könnte. Die schon daselbst stehenden Truppen zogen sich gegen die türkischen Gränzen. Man formirte fünf abgesonderte Korps: eins in der Bukowina, unter dem Prinzen von Sachsen-Coburg; das andere in Siebenbürgen, unter dem General Jabris, das dritte im Temeswarer Banat, unter dem General Wartensleben, das vierte in Slavonien, unter dem General Mitrowsky, das fünfte in Kroatien, unter dem General de Vins. Sie machten zusammen etwa 160000 Mann; und daraus schuf man einen Kordon, vom Dniester an, längs den Gränzen aller dieser Provinzen, bis an das adriatische Meer hin, folglich durch eine Strecke von anderthalb hundert deutschen Meilen. Als Vertheidigungsanstalt, gegen die allenfalls zu besorgenden Einfälle der Räuberhorden, war dieser Kordon ohne Zweifel von guter Wirkung.

Die unabhängig von allen diesen Korps sich formirende Hauptarmee bezog ihr Lager bey Jutak. Zu derselben kamen die Truppen aus Ober-Ungarn, aus Oesterreich, Tyroll, Steyermark u. s. w. wenige aus Böhmen und Mähren; denn dort blieb auf alle Fälle noch eine Armee von etwa 60000 Mann.

Während dieser Zurüstungen fuhr der kaiserl. königl. Internuntius, Freyherr von Herbert, in

Kon-

Konstantinopel noch immer fort, bey der Pforte über eine gütliche Ausgleichung mit Rußland zu unterhandeln. Allein der Krieg war erst beschlossen. Der Kaiser erfüllte also seine mit Rußland eingegangenen Verbindungen, und ließ am 9ten Februar 1788. durch seinen Internuncius der Pforte den Krieg von seiner Seite erklären.

In den ältern Zeiten war es ein gewöhnlicher Fehler der österreichischen Heere gewesen, daß sie immer zu spät im Felde erschienen. Diesmal war, in Betracht der frühen Eröffnung des Feldzuges, wahrlich nichts versäumt. An demselben Tage, als die Kriegserklärung in Konstantinopel geschahe, wurde sie auch in Wien publicirt, wurde dem Bascha nach Belgrad überreicht, und bey dem ganzen Kordon an der türkischen Gränze bekannt gemacht; und schon an diesem Tage fingen zugleich an mehreren Gegenden die wirklichen Feindseligkeiten an.

Diese Kriegserklärung war von den ehemaligen, meistens sehr weitläuftigen, mit einer Menge von Formalitäten und Beschwerden angefüllten Manifesten sehr verschieden. Sie trägt den Stempel von Josephs Karakter, und bestand in folgenden wenigen Zeilen:

„ Der Pforte sind die engsten Bände der
„ Freundschaft und Allianz Sr. Kaiserlichen und
„ Ihrer Russischen Kaiserlichen Majestät nicht un-
„ bekannt. Sie sind Ihr mit allen ihren Folgen
„ bey mehrern Gelegenheiten mündlich und na-

F   ment-

„ mentlich zu Ende des Jahres 1783 schriftlich
„ in wohlgemeinte, freundschaftliche und zugleich
„ nachdrückliche Vorstellungen gebracht worden.
„ — Die Pforte hat es einzig und allein sich
„ selbst beyzumessen, daß Sr. Kaiserl. Majestät
„ nach einer gegen sie beobachteten so vieljähri-
„ gen friedfertigen guten Nachbarschaft, und
„ nach allen bey jeder Gelegenheit angewandten
„ eifrigsten Vermittlungsbemühungen, nunmehr
„ sich veranlasset, und durch sie genöthiget sehen,
„ die Allerhöchstdemselben als getreuem Freunde
„ und Alliirten Ihrer Ruß. Kais. Majestät oblie-
„ genden Pflichten in die vollständigste Erfüllung
„ zu bringen, und an dem Kriege unverzüglich
„ wirklichen Theil zu nehmen."

Jetzt trat der Kaiser Joseph gegen die Osmanen mit einer Kriegsmacht auf, die in Absicht auf Menge, Auserlesenheit, Disciplin, Fertigkeit, Muth der Truppen; auf Vorzüglichkeit und Ueberfluß an Artillerie; auf Güte und Vorrath aller nur möglichen Kriegsbedürfnisse, in der Geschichte aller Zeiten und Völker gewiß wenig Aehnliches hat. Es waren über 200000 Mann geprüfte Soldaten, die über 2000 Kanonen bey sich hatten. Das Kommando der Hauptarmee führte der Kaiser in eigener Person, und unter ihm Feldmarschall Lascy.

Wie erwähnt, am Tage der Kriegserklärung selbst, am 9ten Februar, fingen auch die Feindseligkeiten von allen Seiten an. De Vins rückte in türkisch Kroatien ein, und nahm zwey Schlösser weg;

weg; Mitrowsky nahm die auf der Save liegen-1790.
den türkischen Schiffe weg, und beschoß Berbir;
Wartensleben erbeutete die feindlichen Schiffe
auf der Donau, und rückte in die Wallachey; Fa-
bris drang in die Moldau, und besetzte die Salz-
werke zu Okna; Prinz Koburg besetzte Jassy, ging
gegen Choczim, und schloß es ein. Dieser kleine
Krieg wurde mit äusserster Lebhaftigkeit geführet.
Es vergingen wenige Tage, an denen nicht Scharmützel, Postengefechte, Ueberfälle, Angriffe auf
Magazine ꝛc. geschahen. An vielen Tagen wurde
in zwey, und drey Gegenden zugleich gefochten.
Man traf die Türken allenthalben wohl vorberei-
tet an; sie hielten sich bald defensive, bald offensive, und stritten allenthalben mit großer Tapferkeit. So dauerten die Unternehmungen den ganzen Monat Februar, März, und bis in die Mitte des Aprils fort.

Indessen war am 29sten Februar der Kaiser
selbst aus Wien aufgebrochen. Er gieng über
Grätz nach Triest, ordnete Vertheidigungsanstal-
ten für das Littorale, setzte seinen Weg über
Bukkari und Zeng nach Karlstadt fort, und be-
reisete die ganze Kordonslinie an der kroatischen
und slavonischen Gränze. Bei Semlin sah er die
Verschanzungen und Tschaiken; ging dann nach
Peterwardein, und zur Hauptarmee nach Futak.
Von da ging er längs dem Kordon im Banat,
bis nach Temeswar, und kam am 14ten März
wieder in das Lager bey Semlin zurück.

Die Hauptarmee zog nun auch von Futak
weg nach Syrmien, und lagerte sich nahe ober

F 2   Sem-

1790. Semlin. Ihr folgte aus Peterwardein ein Zug von schwerem Geschütze, und jedermann erwartete, daß sogleich die Belagerung von Belgrad anfangen sollte, welches füglich noch erobert werden konnte, ehe es den Türken möglich wurde, eine Armee zum Entsatz dahin zu schicken. Und gesetzt, daß dieser Fall eintrat: so hatte man ja das Beispiel an dem Prinzen Eugen, daß man Belgrad belagern, den Entsatz schlagen, und dann die Festung desto sicherer einnehmen könne; und diesmal war ja die Armee ungleich zahlreicher, geübter, und besser gerüstet, als damals.

Das Publikum und selbst die Armee wurden in ihrer Hoffnung bestärkt, als der Kaiser nach Slavonien gieng, den befestigten Ort Sabacz angrif, und am 24sten April mit Sturm einnahm. Man sah dieses als eine Vorbereitung jener größern Unternehmung an.

Das Komando der Kroatischen Armee hatte der Kaiser dem Fürsten Karl von Lichtenstein übergeben. Dieser belagerte Dubicza, auf das schon ein Angriff mißglückt hatte. Am 25sten April wurde ein Sturm auf den Ort vorgenommen. Während desselben rückte ein Entsatz an, der Sturm mißlang, und die Armee litt einen empfindlichen Verlust. Sie zog sich jetzt wieder über die Unna zurück, und hielt sich blos defensive.

Indessen hatte die Pforte dem König von Schweden ein paar Millionen Piaster bezahlt, oder doch versprochen, um von seiner Seite eine Di-

Diversion gegen Rußland zu machen. Dadurch wurde dieses genöthiget, in der Ostsee gegen die Schweden jene Flotte zu brauchen, welche nach dem Archipelagus hätte gehen sollen. Auch mußte es eine Landarmee in Finnland aufstellen. Dieser nicht vorgesehene Angriff von Schweden, Mangel an Lebensmitteln, und was etwa sonst noch mitwirken mochte, verursachten, daß auch die Truppen gegen Bessarabien und die Moldau nicht mit jener Thätigkeit operirten, die man sonst erwartet hätte.

Diese Umstände hatten für die österreichischen Heere den widrigsten Einfluß. Der Kaiser wollte mit der Hauptarmee weiter keinen entscheidenden Schritt vorwärts thun; das Belagerungsgeschütz wurde wieder nach Peterwardein zurückgeführt; und bald verwandelte sich der offensive Krieg in bloße Vertheidigung. Seine Truppen zogen sich in Kroatien, Slavonien, in der Wallachey und Moldau, allmählig aus dem feindlichen Gebiete wieder rückwärts. Die Türken, dadurch aufgemuntert, thaten häufige und wüthende Angriffe auf die Gränzposten in Kroatien und im Banat, und auf die Pässe von Siebenbürgen, wo sie auch zweymal in das Land selbst eindrangen.

Die Hauptarmee bey Semlin stand in einer gänzlichen Unthätigkeit, die Schlägereien abgerechnet, welche die Türken von der Belgrader Besatzung von Zeit zu Zeit auf der Kriegsinsel, bey der Sauspitze und den Gegenden bey Beschania herum, mit den ausgestellten Vorposten, Pike-

1790. ten und Patrouillen zu Wasser und zu Lande vornahmen.

Die Unthätigkeit und die Sommerhitze dieses Jahres, welche außerordentlich und seit Mannsgedenken die größte war, zerstörten allmählig die Gesundheit, folglich auch den Muth der Truppen. Das Lager stand stets in dem Winkel bey Semlin, zwischen der Donau und Save, welcher einer der ungesundesten im ganzen Lande ist. Es war auf einer Fläche ausgedehnt, wo weder Hügel noch Wiesengründe, weder Bäume noch Bäche sind. Die Gegend glich einer Lybischen Sandwüste. Niemand konnte vor Hitze in den Zelten bleiben; niemand konnte vor Hitze außer den Zelten ausdauren. Bey den häufigen Erscheinungen der Türken am Ufer und auf den Tschaiken, selbst bey blinden Kanonenschüssen aus Belgrad, mußten manchmal ganze Infanterie-und Kavallerie-Regimenter mit der schweren eisernen Rüstung halbe Tage hindurch in Waffen stehen, in einer Hitze, die Leib und Seele zu Boden drückte. Männer mit Riesenkräften wandelten endlich im Lager umher, wie verdorrete Asiaten. In einem solchen Zustande war die Armee vom May an, bis zum August.

Um diese Zeit war der Großvezier mit seinem Heere bis in die Gegend zwischen Widdin und Cladova vorgerückt. Er schien eine Weile unschlüssig zu seyn, wohin er sich wenden sollte. Bald aber erhielt man die Nachricht, daß ein Theil seines Heeres bei Widdin über die Donau ge-

gegangen sey, und wahrscheinlich das Banat an-1790.
fallen werde. Jetzt nahm der Kaiser, vom F. M.
Lascy begleitet, alle Grenadiere von der Hauptarmee, die meisten Infanterie- und Kavallerie-
Regimenter, ging damit ebenfalls über die Donau und eilte über Weißkirchen nach Illova, an
der östlichen Gränze des Banats, um es gegen
den Feind sicher zu stellen. Alle Bataillons und
Schwadronen, ohne Ausnahme; waren durch
Todte und Kranke schon sehr geschwächt.

Am 7ten August drangen die Türken durch
die engen Wege bey Schupanek, und über die
Donau bey Orsova, in das Banat; obschon man
bereits einige Tage vorher wußte, daß sie dorthin kommen würden, obschon diese Wege mit Kanonen und Truppen besetzt waren. General Papilla, der diesen Posten zu vertheidigen hatte,
wich zurück, und wurde jubilirt. Die hier sta-
tionirten Bataillons litten gewaltig. Die Türken vermehrten und breiteten sich im Schupa-
necker Thale immer mehr aus. Der Großvezier
ging selbst bey Cladova über die Donau, und
theilte seine nun im Banat stehende Armee in
zwey Haufen. Der eine zog unter einem Seraskier gegen das banatische Korps, unter dem
General Wartensleben, und die weiter rückwärts
stehende kaiserliche Hauptarmee. Der andere
Haufe rückte längs der Donau in die ebenen
Gegenden des Banats aufwärts.

Jetzt nahm der Feldzug eine Wendung, über
die ganz Europa erstaunte. Es war ein unausge-
setz-

1790. setzter Rückzug, von Schupaneck bis Temeswar gegen Norden, und von Dubova bis Tema gegen Westen.

Sobald Papilla aus dem Paß bey Schupaneck verdrängt war, zog sich der hinter ihm stehende General Wartensleben nach Laßmare zurück, von da nach Mehadia, dann nach Jehnisch, dann nach Armenisch. Hier schloß er sich an die Hauptarmee an, und ging nun samt derselben nach Illava, von da nach Slatina, nach Karansebes, nach Satul, und endlich bis Lugos zurück. Die türkische Armee folgte beständig auf dem Fuß nach, und beinahe täglich setzte es blutige Gefechte bey der Arriergarde. In Temeswar und Arad machte man bereits alle Anstalten zur Vertheidigung, als wenn die Festungen belagert werden sollten. So gingen die Sachen den ganzen Monat September hindurch.

Während daß die Hauptarmee durch die gebirgigten Gegenden nach Norden zurückwich, stritt man in der offenen südwestlichen Landschaft des Banats nicht glücklicher. Nach einer sehr tapfern Gegenwehr in der Veteranischen Hölle, zogen die Truppen daraus ab, und die Türken immer tiefer ins Land hinein. Die zwey ihnen entgegen gestellten Korps konnten sich nirgends halten. Sie verbrannten selbst Magazine und Brücken! und zogen sich aus Pancsowa, Oppowa, Moldawa, Piyalanka und Werschez gegen Centa und Temeswar zurück.

Indessen trat der Monat Oktober und mit 1790. ihm die üble Witterung an. Die Türken hatten zwar zwey große Strecken des Banats in ihrer Gewalt, aber darin keinen festen haltbaren Platz. Auch erhielten sie Nachrichten, daß sie, während ihres glücklichen Zuges im Banat, in der Moldau und in Bosnien einen empfindlichen Verlust an Festungen und Leuten gelitten hatten. Also nahmen sie allmählig wieder denselben Weg aus dem kaiserlichen Gebiete zurück, auf welchem sie hereingekommen waren. Ihrer barbarischen Sitte gemäß, verheerten und verwüsteten sie die ganze Strecke von Karansebes bis Altorsowa, und von Werschez bis dahin ganz und gar. Auf solche Weise verlor die blühende Provinz an die hundert Dörfer und andere Ortschaften. Nach dem Abzuge der Osmanen besetzten die Kaiserlichen diese Gegenden wieder.

Je weniger die Operationen der Hauptarmee der allgemeinen Erwartung entsprachen, desto mehr war man mit den Unternehmungen der Truppen auf den beiden Flügeln, in Kroatien und in der Moldau zufrieden.

Bald nachdem der Fürst Karl von Lichtenstein die Belagerung von Dubicza aufgehoben, und sich über die Unna zurückgezogen hatte, ward er gefährlich krank. Jetzt ließ der Kaiser das Korps in Kroatien durch Vereinigung mit dem slavonischen Korps, und durch frische Truppen aus Oesterreich und Böhmen verstärken, und rief zum Kommando darüber den grauen, allgemein erwarteten Helden

1790. Gideon Loudon. Sogleich bekam die Sache eine andere Gestalt: der Krieg wurde wieder offensive geführt. Eben hatte de Vins am 9ten August die bei Dubicza gelagerten Türken verjagt, und drey Tage darauf Klebek die Vorstädte von Novi in Brand gesteckt, als Loudon bey der Armee ankam. Er fing sogleich die Belagerung von Dubicza wieder an, schlug die zum Entsatz herbei eilenden Türken, und zwang am 27sten August den Platz zur Uebergabe. Von da ging er gerade nach Novi; fing die Belagerung regelmaßig an, schlug die wieder zum Entsatz angerückten Türken wieder aus dem Felde, und nahm am 3ten Oktober durch einen zweyten Sturm die mit äußerster Hartnäckigkeit vertheidigte Festung ein.

Das Korps in der Buckowina, unter dem Prinzen von Sachsen-Coburg, hatte gleich zu Anfange des Feldzuges auf eine vortheilhafte Art die Wege nach der Moldau besetzt, und näherte sich langsam der Festung Choczim, in dessen Vorstädte schon am 12ten Junius die Kaiserlichen während dem Handgemeng eines Scharmützels zugleich mit den feindlichen Truppen eindrangen. Indessen waren auch einige Bataillons Russen zu den Oesterreichern gestoßen. Das vereinigte Korps schloß nun Choczim von allen Seiten ein, warf am 13ten July die Batterien rings herum auf, und schlug den Angriff ab, welchen die Türken am 28sten dagegen unternahmen. Man machte einen neuen Zug in die Moldau, besetzte Jassy zum zweytenmal, schnitt also den Belagerten alle Wege und Hoffnung ab, durch einen aus dieser Provinz anrückenden

den Entsatz befreyt zu werden. Am 29sten September sah sich diese wichtige Festung genöthiget, eine Kapitulation zu schliessen, kraft welcher die Besatzung frey abzog, und der Prinz Coburg sie in Besitz nahm.

Mit Ende Oktobers wurde das Banat gänzlich wieder von den Türken gereiniget. Dubicza, Novi, Sabacz, Choczim waren erobert, auch ein Theil der Moldau besetzt. Es fielen zwar hie und da Scharmützel vor; im Ganzen aber war der Feldzug geendiget; und während des Novembers gingen die Truppen in die Winterquartiere. Obschon keine Hauptschlacht vorfiel, war es doch ein äußerst mühsamer, blutiger und kostbarer Feldzug gewesen.

Der Erzherzog Franz von Toskana machte den größten Theil des Feldzuges bei der Hauptarmee mit.

Laßt uns, meine Leser, am Schlusse dieses Feldzuges den Würgengel nicht vergessen, der in Gestalt von mancherley Krankheiten, unter den Heerschaaren Josephs ungleich mehr Zerstörung anrichtete, als das Schwerdt der Osmanen. Mit Anfang des Aprils stand ein Heer von 240000 Streitern im Felde, wahrscheinlich das schönste, muthvollste, welches je in Europa erschienen war. So stand es da, in voller Kraft, die Mannschaft noch in blühender Gesundheit, wohl gekleidet und gut genährt. Mit den Beschwerlichkeiten des Kriegs, mit dem für Truppen aus so vielen Nationen

1790. zionen, ungewohnten Klima, fingen auch die Krankheiten an.

Vom Anfang des Monats Juny 1788, bis zu Ende des Monats Mai 1789 hatte die ganze Armee, -mit allen einzelnen Korps eingeschlossen, 172000 Kranke, und aus denselben 33000 Todte.*) Rechnet man das, was durch die Feinde umkam, gefangen, oder sonst vermißt wurde, auf die wahrscheinlichste Summe von 12000 Mann, so hat dieser Feldzug 45000 Mann gekostet.

Joseph des Zweyten zweyter Feldzug gegen die Türken und sein persönliches Betragen in diesem Kriege.

Ehe der Kaiser von Wien abging, machte er sein Testament, und befahl seinen Leuten, die er mit sich dahin nahm, eben dieses zu thun. Er sagte öffentlich und wiederholt, wenn er in Gefahr käme, von den Türken gefangen zu werden, würde er sich selbst eher das Leben nehmen, als sich zum Gefangenen ergeben.

Die

---

*) So gibt es Hr. D: Schmidt, Prof. an der mediz. chirurg. Akademie an, in seinen vorläufigen allgemeinen Nachrichten von dem Krankheits- und Moralitätsbestande der österreichischen Truppen, während dem Feldzuge im Jahr 1788 und 1789.

Die Beschwerlichkeiten und Anstrengungen des Lebens im Lager, ertrug und unternahm er diesmal eben so unverdrossen und unermüdet wieder, wie er es im Feldzug von 1778 gegen den König von Preussen gethan hatte. Er trug gemeine Kleidung, begnügte sich mit schlechten Wohnzimmern, schlief in Zelten und unter freiem Himmel, war Tag und Nacht zu Pferde, wenn er seine Gegenwart für nöthig hielt.

Er hat einigemal Beweise von Unerschrockenheit gegeben. Bei der unter seinem Kommando geschehenen Einnahme von Sabacz, wagte er sich so nahe, daß an seiner Seite drey Kanoniere todt geschossen wurden. Auf den Verschanzungen und Dämmen an der Save, setzte er sich öfters den Kanonenkugeln von Belgrad aus. Beim Recognosciren ritt er manchmal in gefährliche Gegenden, und den Türken viel näher, als es sich eigentlich für den Kommandirenden einer Armee ziemt.

Seine erste und angelegentlichste Sorge war, die Armee soviel als möglich gesund zu erhalten. Zu diesem Endzwecke schonte er keinen Aufwand. Er ließ den Soldaten unentgeldlich guten Weinessig und Sauerkraut austheilen: er ließ im Lager Brunnen graben, damit die Soldaten nicht genöthigt waren, trübe Wasser aus der Donau und Save zu trinken. Das Heer ward, im Ganzen genommen, auf das möglichste geschont; man exercirte und manövrirte vor Sonnenaufgang, und um 6 Uhr früh waren die Truppen schon wieder

1790. in ruhigern Lagerbeschäftigungen begriffen. Alle militärische Ehrenbezeugungen und Lagerceremonien, womit der Soldat ermüdet werden kann, wurden eingestellt. Joseph ließ bey der ganzen Armee den Befehl publiciren, daß die Soldaten, welche nicht im wirklichen Postendienst waren, keine Ehrenbezeugungen machen, und ihre Beschäftigungen oder Ruhe nicht unterbrechen sollten, wenn er im Lager herum und bey ihnen vorbey ging. „Wer liegt, bleibe liegen; wer sitzt, bleibe sitzen," so lautet buchstäblich dieser Befehl.

Er ließ an bequemen Standorten große Spitäler, in andern Entfernungen kleinere, und bey dem Lager selbst hölzerne Spitälerbaracken anlegen, wohin die Kranken einsweilen gebracht wurden, bis man sie in die großen Spitäler abführen konnte. Vermöge des von ihm und seinen Leibchirurgen angenommenen Systems, durften keine Doktoren der Medicin, sondern blos Chirurgen die Armeen besorgen, deren bei allen Korps zusammen, über 800 angestellt waren.

Auch bei den militärischen Operationen selbst suchte er das Leben der Truppen allenthalben zu schonen, und forderte eben dieses von seinen Generalen. Ob diese vermeintliche Schonung eine wirkliche Wohlthat für den Soldaten war, und dem Zwecke des Ganzen entsprach, kann ich nicht entscheiden.

Neben den Arbeiten des Krieges, vergaß 1790. Joseph die friedlichen Geschäfte der Regierung keineswegs. Alle wichtige Vorfälle, alle Staatssachen von Bedeutung, mußten ihm in das Lager nachgeschickt werden, wo er mit eben so viel Thätigkeit, Genauigkeit und Ordnung Resolution gab, neue Plane vorschrieb, Anfragen entschied, Vorträge billigte oder verwarf, wie während seines Aufenthalts in der Burg zu Wien. Er nahm zu diesen Arbeiten gewöhnlich die Stunden der Nacht, und forderte sogar eigenhändig von den Chefs der Hofstellen in Wien, Urkunden und Berichte über Gegenstände, welche man als Sachen von minderer Bedeutnng, nicht gewagt hatte, ihm, während des ermüdenden Lebens, im Lager vorzutragen, oder ihn daran zu erinnern.

Er trug in der unbeschreiblichen Hitze gewöhnlich einen blauen Rapot und einen schlichten Hut. Bey der Tafel war er sehr mäßig, aß viel von grünen Speisen und trank Wasser, welches ihm auf Schiffen von Schönbrunn nach Semlin zugeführt wurde. Doch ließ er sich bereden, manchmal ein Gläschen Tokaier Wein zu nehmen, um den Magen zu stärken, und sich gegen böse Ausdünstungen zu verwahren.

Bey dem Rückzuge der Armee von Karansebes nach Lugos, am 20ten September 1788, gerieth er in große Gefahr. Es war eine dunkle Nacht. Ein blinder Lärm brachte das ganze Heer in Verwirrung. Der Kaiser fuhr in einer offenen Chaise vor der Kolonne her. Das Feuer fing bey

der

1790. der Arrier-Garde gegen die vermeintlichen nachrückenden Türken an, und sogleich nahm alles, was zum Troß der Armee gehörte, Reißaus. Die Truppen selbst stießen in der Finsterniß und im Getös' auf einander. Der Kaiser schwang sich aus der Chaise auf ein Pferd, und wollte bey einer Brücke die Flüchtigen aufhalten, wurde aber im Gedränge mit fortgerissen. Sein Gefolge war gänzlich auseinander gesprengt worden. Er ritt eine Weile ganz allein im Dunklen herum, bis ihn endlich einer seiner Reitknechte fand, und ihm zur Seite blieb. Treulose Wallachen hatten den Türken die Stellung und den Abzug der Armee verrathen, und selbst einheimisches Gepäcke und einheimische Dörfer zu plündern angefangen.

Nachdem die Feinde im Oktober das Banat verlassen hatten, gieng der Kaiser wieder in das vorige Hauptquartier nach Semlin zurück. Die unerträgliche Hitze, die unaufhörliche Ermüdung, vielleicht Verdruß über fehlgeschlagene Erwartungen über die unglückliche Wendung, zogen ihm schon vor dem Zug in das Banat ein Fieber zu. Da der Feldzug für dieses Jahr 1788 beendigt war, verließ er nun die Armee, und kam am 5ten Dezember kränklich in Wien an.

Nach den getroffenen Anstalten zu urtheilen, war der Kaiser anfangs gesinnt, auch den zweyten Feldzug in eigner Person mitzumachen. Allein seine Krankheit wurde im Frühjahr 1789 so ernsthaft, daß an eine Reise zur Armee nicht weiter zu denken war. Er gab also der Nothwendigkeit nach. Auch Lascy blieb in Wien.

1790.

Josephs Gegner, der Sultan Abdul Hamid, starb am 7ten April 1789 in Konstantinopel. Sein Nachfolger Selim der Dritte erklärte sich sogleich für die Fortsetzung des Krieges.

Haddik bekam jetzo das Kommando der Hauptarmee, die sich diesmal im Banat, in der Gegend bey Weißkirchen, versammelte. Ihr Standort war der Gesundheit viel weniger schädlich, als jener im vorigen Jahre. An der Donau ward ein Waffenstillstand im Winter geschlossen. In Kroatien fingen aber die Scharmützel, die Postengefechte, die Einfälle an den Gränzen, schon im Februar wieder an.

Im Junius begann der eigentliche Feldzug, ein wahrer Wunderfeldzug, in welchem Siege auf Siege, Eroberungen auf Eroberungen folgten. Held Loudon übernahm wieder das Kommando der kroatisch-slavonischen Armee, fing am 23ten Juny die Belagerung von Berbier oder Türkisch-Gradiska an, und am 10ten July fanden sich die Türken gezwungen, als Flüchtlinge die Festung zu verlassen, welche die Kaiserlichen sogleich in Besitz nahmen.

Der Eroberer von Choczim, Prinz von Koburg, hatte sich indessen mit seinen 20000 Streitern durch die Moldau hinunter, bis an die Gränzen der Wallachey gezogen. Ein Korps Russen von 7000 Mann, unter Kommando des Generals Suwarow, ging ihm zur Seite. In der Gegend

1790. von Jokczan hatte sich ein Korps von 30000 Türken und Arnauten gelagert, um das weitere Eindringen der Oesterreicher und Russen zu verhindern. Koburg und Suwarow vereinigten jetzt ihre Truppen, griffen am 31sten July die Türken bei Jokczan an, schlugen sie gänzlich in die Flucht, erbeuteten das ganze Lager, das große Magazin, viel Kriegsgeräthe und Siegeszeichen.

Während dem, daß die Operationen der beyden Seitenarmeen so vortheilhafte Aussichten für diesen Feldzug eröfneten, befiel den ehrwürdigen 78 jährigen Greis Haddik im Lager bey Weißkirchen eine Krankheit, die ihn dem Tode nahe brachte. Zwar genaß er wieder; aber die Krankheit ließ Schwäche und Wunden zurück. Der Kaiser empfahl ihm durch den freundschaftlichsten Brief, seiner Gesundheit und seines Lebens zu schonen; und da sich der Feldzug bis in die naßkalte Jahrszeit hinausdehnen mußte, so rief er Haddik nach Wien zurück, und gab das Kommando der Armee dem Freunde Haddiks, dem berühmten und glücklichen Feldherrn Laudon.

Die Türken wollten jetzt dieselbe Tragödie wiederholen, welche sie im vorigen Jahre gespielt hatten. Ein zahlreicher Haufe von ihnen fiel am 11ten August eben wieder bey Schupanek in das Banat, überschwemmte das ganze Thal, und wollte gegen Mehadia vordringen. Vecsey that ihnen tapfern Widerstand, und am 28sten August, eben als Laudon bey der Hauptarmee anlangte, jagte Clairfait mit derben Schlägen die Barbaren gänzlich wieder aus dem kaiserl. Gebiete.

1790.

Nun ging es an den großen Stein des Anstoßens, an das trotzende Belgrad, dessen Eroberung einer der wichtigsten Zwecke dieser großen Fehde war. Loudon führte die Armee aus dem Banat über die Donau nach Syrmien, und that so verstärkte Märsche, daß sein Vortrab schon am 10ten September Morgens jenseits der Save auf türkischen Boden stand. Am 11ten war die ganze Armee in Servien und am 15ten hagelte es schon österreichische Kugeln und Bomben auf Belgrad.

Dem Falle dieser Festung mußte erst ein glänzender Sieg vorhergehen; so stand es im Buch des Schicksals geschrieben. Der Großvezier entrüstet, daß Coburg einen Seraskier bei Fokczan geschlagen, rückte jetzt mit einem Heere von etwa 90000 Mann die Wallachey hinauf, um diesen Coburg mit seinem Häufchen Veteranen geradezu aufzuheben, und dann in Gallizien einzufallen. Der Prinz erfuhr die Absichten seines Feindes. Er vereinigte sich abermahl mit seinem treuen Gefährten Suwarow. Beide gingen dem Vezier freiwillig entgegen, und erreichten ihn am 22sten September bei Martinestie in der Wallachey. Die vereinigten Oesterreicher und Russen erfochten an diesem Tage einen vollkommenen Sieg über ihre Feinde: 7000 todte Türken, 100 Fahnen, 80 Kanonen erobert, waren die Denkmale davon.

Am 30sten September nahm Loudon die Vorstadt von Belgrad mit Sturm ein. Er selbst

1790. wurde dabei von einem Artilleriepferde ober dem Fuß geschlagen. Der Seraskier Abdy Pascha, welcher der Stadt zu Hülfe eilen sollte, war von Nissa bis Cupria vorgerückt, blieb aber daselbst muthlos stehen.

Am 8ten Oktober schlug Hohenlohe bey Poroseny und Vaideny in der Wallachey die Feinde, und nahm ihnen Lager und Magazin ab. Am 9ten Oktober ward Belgrad auf Kapitulation an Loudon übergeben. Besatzung und Einwohner zogen ab; 456 Kanonen, 65 Schiffe, und Zentner Pulver, waren die beträchtlichste Beute*) Am 12ten brachte der General Klebeck, Loudons Verwandter, die Nachricht nach Wien; am 14ten wurde das Siegesfest gefeiert, dem der Kaiser noch in Person beiwohnte. Ein Zufall, aber doch ein sonderbarer Zufall bei dieser Eroberung ist folgender: Kaiser Franz, damals Herzog von Lothringen, Marien Theresiens Gemal, war im Jahr 1739 bei der kaiserlichen Armee, als Belgrad an die Türken verloren ging. Sein Enkel der Erzherzog Franz, war im Jahr 1789 bei der kaiserlichen Armee, als Belgrad den Türken wieder abgenommen wurde; und er feuerte mit eigener Hand die erste Kanone gegen Belgrad ab. General Wallis kommandirte im Jahr 1739 die Armee bei Belgrad, und übergab die Festung an die Türken. Sein Sohn der jetzige Feldmarschall Wallis, wurde jetzt nach 50 Jahren

---

*) Umständliches sehe man den schon vorher mitgetheilten Bericht.

ren der erste Kommandant von Belgrad. Der türkische Kommandant Osman Pascha, welcher jetzt
die Festung an die Kaiserlichen übergab, war ein
Sohn desjenigen Pascha, dem sie die Kaiserlichen
vor 50 Jahren übergeben hatten.

1790.

Die Belgrader wurden nach Orsowa geführt;
und im Vorbeigehen ergab sich auch Semendria.
Mihaljevich jagte mit seinem einzigen Freikorps
den Abdy Pascha bis hinter Nissa zurück. Orsowa wurde eingeschlossen, und ein Korps Oesterreicher breitete sich in Servien bis an den Timok
aus, der ehemaligen Gränze des Passarowitzer
Friedens. Das Banatische Korps rückte in die
Wallachey, bis an die Aluta. Prinz Coburg besetzte Bukarest, und nahm mit seiner ganzen Armee die Winterquartiere in der nördlichen und
östlichen Wallachey.

Die Russen hatten im Dezember 1788 Oczakow mit Sturm eingenommen; 1789 breiteten
sie sich in Bessarabien und der Moldau aus,
nahmen Ackierman und Bender weg, und plün-
derten Gallacz.

Die Schweden hatten mit vieler Mühe und
mit auffallendem Muth wenig oder nichts aus-
gerichtet.

In diesem Zustande waren die Angelegenheiten des Krieges beim Tode Josephs.

1790. Gewaltsame Empörung in den Niederlanden.

Im Frühjahre 1788 gingen die Generalgouverneure wieder nach Brüssel zurück. Einige Monate hindurch schien es, als wäre die Ruhe in den Niederlanden wieder hergestellt, oder würde doch allmählich zurückkehren.

Das Feuer war nur verdeckt. Bald weigerte sich diese und jene Provinz, die gewöhnlichen Subsidien abzutragen. General d'Alton hatte unterdessen die sämmtlichen Truppen des Landes auf eine vortheilhafte Art vertheilt; und auf diese Macht bauend, erklärte der Kaiser: Er achte sich nicht länger verpflichtet, die Privilegien dieser Provinzen zu beobachten, weil die Provinzen ihre Schuldigkeit gegen ihn verweigerten. — Die Provinzen gaben einigermaßen nach.

Jetzt ward die Gelegenheit zu neuem Klaggeschrei von einem andern Zaun gebrochen. Das Priesterseminarium zu Löwen war der Fels der Aergerniß für den Kardinal Frankenberg, einige andere Bischöfe, Prälaten, Prioren und Guardiane der begüterten und bettelnden Mönche. Diese Herren ließen sich beigehen, die Orthodoxie jener theologischen Lehrbücher bezweifeln zu wollen, über welche schon seit langen Jahren in den übrigen österreichischen Provinzen öffentlich gelesen wurde, ohne daß die dortigen Bischöfe je den mindesten Einwurf gegen die darin enthaltenen Sätze geäußert hatten.

Am 6ten Junius 1789 gab der Kaiser ein Manifest, worin er neuerdings den Rath von Brabant aufhob, und die Joyeuse Entrée widerrief, weil sich die Brabanter geweigert hatten, bestimmte Subsidien zu bewilligen, den dritten Stand auf den alten Fuß herzustellen, die Edikte des Landesherrn ohne Einschränkung zu publiziren, im Fall sie nicht offenbar gegen die Joyeuse Entrée seyen 2c. Zur Verwaltung der öffentlichen Angelegenheiten setzte er dafür neue Stellen ein. Dieses wurde am 18ten den Ständen vorgetragen; aber an demselben Tage noch antworteten die zwey ersten Stände, daß sie diese Verfügungen auf keine Weise anerkennen könnten, weil sie auf die Landeskonstitution geschworen hätten. — Nun erschienen allenthalben Schmähschriften und aufrührerische Blätter.

Am 22sten Julius entstand ein Tumult in Tirlemont, dann auch in Löwen und Diest. Man plünderte Häuser und Kassen; es setzte dabei Verwundete und Todte. Jetzt fing der Kaiser abermal an nachzugeben. Unterm 14ten August wurde durch ein Dekret die Universität von Löwen in alle ihre alten Rechte wieder eingesetzt, und die Priesterseminarien wurden den Bischöfen untergeben.

Gegen Ende des August und im September wanderten viele Leute aus den österreichischen Niederlanden in die benachbarten Provinzen; weil sie durch Reden und Schriften aufgefordert wurden, dorthin zu kommen, wo fremde Truppen zu ihrer

1790. Unterstützung anrücken sollten. Zu Anfang des Oktobers hatten sich im Lüttichschen und Holländischen Gebiete schon sogenannte patriotische Armeen formirt. Die kaiserlichen Truppen setzten sich nun auf den Kriegsfuß. Auf Requisition des Gouvernements wurden die Insurgenten aus dem fremden Gebiete abgeschafft. Am 11ten Oktober ging General Schröder mit einigen hundert Mann an die Lüttichsche und Holländische Gränze und zerstreute einige Insurgentenhaufen. Ein sogenannter Ausschuß von Patrioten setzte sich in Breda, um von dort die Angelegenheiten ihrer Anhänger zu leiten zu besorgen.

Am 20sten Oktober fing General d'Alton an, die Bürgerschaft in Brüssel und das Landvolk zu entwaffnen. Mehrere verdächtige Personen wurden in Verhaft gezogen. Am 27sten Oktober wurde die Empörung gewaltsam und allgemein. Die Thore von Brüssel wurden gesperrt. Der Kardinal Frankenberg und der Bischof von Antwerpen verschwanden. Die Insurgenten besetzten Lille und Turnhout. Die Pfarrer und Bauern im Kempenland bewaffneten sich. Ein gewisser Advokat van der Noot, der schon seit ungefähr einem Jahr landflüchtig geworden war, und sich in London, im Haag, und in Berlin aufgehalten hatte, publizirte itzt ein Manifest, worin er sich als den bevollmächtigten Minister des Brabantischen Volks angab, Brabant für unabhängig, und den Kaiser Joseph der landesherrlichen Rechte über diese Provinz verlustig erklärte.

Die

Die Holländer gaben den von den Insurgen= 1790. ten gefangen nach Mastricht geführten Kanzler Brumpippen, auf Requisition des Kaisers, wieder los: weigerten sich aber, den in ihrem Lande befindlichen van der Noot zu arretiren, und an die österreichische Regierung auszuliefern.

Indessen waren die Insurgenten zu Anfang des Novembers über die Schelde gegangen, und hatten sich in Flandern ausgebreitet. Die Kompagnien dieser Truppen führten die Namen und Fahnen der aufgehobenen Bruderschaften. Mönche von allen Farben machten die gestiefelten Apostel bei diesem durch religiösen und politischen Fanatismus betrogenem Haufen; denn das große Losungswort für den Pöbel war: Umsturz der Religion und Konstitution. Die meisten Aebte in Brabant waren flüchtig geworden, die Klosterkassen waren leer, selbst das Silber aus den Kirchen war verschwunden. Zwar hatten die Stände der meisten Provinzen dem Gouvernement noch immer Versicherung von Treue und Anhänglichkeit gegeben. Aber die Maske fing nun plötzlich an zu fallen: Gent, Brügge, Ostende, Antwerpen, Mons ꝛc. öffneten die Thore, sobald sich der Haufe der Insurgenten zeigte, und die schwachen Besatzungen dieser Städte, da sie sich allenthalben verrathen und umringt fanden, mußten sich theils zu Kriegsgefangenen ergeben, theils zogen sie sich nach Brüssel.

Diese Hauptstadt verließen am 18ten November die Generalgouverneure und mehrere vorneh=

1790. me Personen vom Adel und von den Landesstellen. Man führte die Kanonen auf die Wälle, befestigte die Thore, und setzte sich überhaupt in einen ansehnlichen Vertheidigungsstand. Es wurden am 20sten und 22sten Erklärungen im Namen des Kaisers publicirt, worin er als ein guter Vater allen seinen Landeskindern Verzeihung über das Vergangene versprach, und sie ermahnte, zur Ruhe und Ordnung zurückzukehren. Diesem folgte am 25sten noch eine andere, worin die Joyeuse Entrée, die Privilegien und der Rath von Brabant, wie auch die Rechte der übrigen Provinzen, ohne alle Einschränkung, in ihre alte und volle Gültigkeit eingesetzt wurden: man achtete aber nicht mehr darauf. Am 6ten Dezember schlossen der Kaiserl. General d'Alton und der Insurgentengeneral van der Meersch einen Waffenstillstand auf einige Wochen, der aber bald wieder unterbrochen wurde.

Endlich legten auch die Einwohner von Brüssel die Larve ab. Am 7ten Dezember 1789 zerstörten sie die Werke, welche d'Alton zur Vertheidigung der Stadt angelegt hatte. Am 10ten erschienen sie mit Kokarden in der Kirche und auf den Strassen. Man gab den Bürgern ihre Waffen wieder. Jetzt fing die Fehde von allen Seiten an. Man jagte, haute, schoß und kanonirte sich bis auf den 12ten Morgens in Brüssel herum. Sonderbar! mit wenigstens 200000 Schüssen, welche diese Zeit über in der Stadt von Soldaten und dem Volk gegen einander geschahen, wurden etwan 10 Personen verwundet, und kein Mensch ge-

getödtet. Viele Soldaten desertirten; die übri=
gen verließen die Stadt und zogen nach Luxen=
burg. Der Minister Trautmannsdorf und der
General d'Alton gingen nun ebenfalls aus Brüſ=
ſel. Ein preußiſcher Oberſter, Namens Schön=
feld, wurde bey dem Kommando der Inſurgen=
tenarmee angeſtellt.

1793.

Nachdem Brüſſel verlaſſen war, zogen auch
die Beſatzungen aus Mecheln, Löwen und Namur
ab. Im Lande blieb nur noch die Zitadelle von
Antwerpen beſetzt. Alle übrige Truppen verſam=
melten ſich im Herzogthum und in der Feſtung
Luxenburg. Hier zeigte ſich keine Spur von Em=
pörung, und die ganze Provinz bewies ſich dem
öſterreichiſchen Hauſe vollkommen getreu.

Noch ehe dieſe letztern Schritte geſchehen wa=
ren, hatte der Kaiſer den Staatskanzler, Grafen
von Cobenzl, nach den Niederlanden geſchickt. Bei
ſeiner Ankunft an der Gränze von Deutſchland
fand er die Provinzen alle, bis auf Luxenburg,
in der vollkommenen Gewalt der Inſurgenten.
Er traf alſo die Anſtalten zur einsweiligen Ver=
theidigung dieſer Provinz. Anſtatt des vor ein
Kriegsgericht geforderten und kurze Zeit darnach
geſtorbenen General d'Alton, übernahm General
Bender das Kommando der Truppen, welche
jetzt den Inſurgenten ſogleich einige derbe Schlä=
ge verſetzten, als ſie in das Luxenburgiſche ein=
dringen wollten.

Selbſt

1790. Selbst der Pabst hatte auf Ersuchen des Kaisers ein Breve an die niederländischen Bischöfe erlassen, worin er sie ermahnte, das Volk zur Ruhe und zu ihrem rechtmäßigen Landesherrn zurückzuführen. — Auf diese Breve antwortete Frankenberg: „Alles, was geschehen ist, konnte
„ und mußte die Nazion von Rechts wegen thun.
„ Wir können nichts anders thun, als uns in die
„ neue Gestalt der Sachen fügen. Wir müssen
„ den Wolf vom Schafstalle vertreiben, und die
„ uns drohende tödtliche Seuche weit von uns
„ verbannen. Würdigt Euch also, heiligster Vater, unsre Angelegenheiten bey jenen auswärtigen Souverains, Republiken und Höfen zu
„ unterstützen, die mit uns theils schon wirklich
„ Bündnisse geschlossen haben, theils sie bald
„ schliessen werden."

In solcher Lage der Sachen starb der Kaiser Joseph der Zweyte. Sein Bruder und Nachfolger, Leopold der Zweyte, that sogleich den Niederländern Aussöhnungsvorschläge, wie sie noch kein Souverain an rebellische Unterthanen gethan hat. Anfangs antworteten sie gar nicht darauf; aber bald fügten oder mußten sie sich fügen, und gingen unter vielen väterlichen Bewilligungen in Leopold II. Vaterarme zurück.

Josephs des Zweyten Krankheit.

Der Kaiser war bereits zu wiederholtenmalen von mancherlei Unpäßlichkeiten befallen worden;

den; machte sich aber nichts aus denselben, und 1790. behandelte sie ganz leicht, schonte sich wenig und überwand sie doch immer ohne viele Unbequemlichkeit, welches er seiner außerordentlich starken Leibeskonstitution zu danken hatte. Aber im Jahre 1789, war seine Gesundheit unwiederbringlich zerstört.

Dem Anschein nach befand er sich gesund und stark, als er im Frühjahr 1788 zur Armee ging. Die unerträgliche Hitze jenes Sommers, welche er im Lager bey Semlin auszustehen hatte; die rastlose Anstrengung bey Tag und bey Nacht, für die Geschäfte des Kriegs und des Friedens; der Unmuth über zerstörte Plane von innen und von außen, das innerliche fruchtlose Streben, den mißlichen Zustand der Sachen zu verbessern: kurz, Erschöpfung des Körpers und des Geistes, mußten ihn krankmachen. Er ward vom Fieber befallen, erholte sich wieder; kam aber am 5ten Dezember 1788 kränklich nach Wien.

Von nun an war er abwechselnd besser und schwächer; konnte sich manchmal öffentlich zeigen, mußte manchmal wieder im Zimmer eingeschlossen bleiben. In der Nacht vom 13ten auf den 14ten April 1789 wurde er sehr schwach, warf Blut aus und hatte Ohnmachten. Man entdeckte ihm, daß sein Zustand gefährlich sey. Am 16ten ließ er sich mit der bey solchen Gelegenheiten gewöhnlichen öffentlichen Feierlichkeit, das heilige Abendmahl reichen. Er bekam abermals etwas Kräfte, und erschien am 28sten April wieder auf dem Balkon

1790. vor seinen Zimmern, doch glaubte er selbst an keine Besserung mehr; denn er sagte am 11ten Mai ganz unverhohlen zu seinen Leuten: „Ich „werde bald sterben, man wird mich einst am „Morgen todt im Bette finden, und vielleicht „auch sagen, ich sey vergiftet worden, wie Sul-„tan Abdul Hamid." — Es hatte sich nämlich in der Welt das Gerücht verbreitet, der am 7ten April verstorbene türkische Kaiser wäre durch Gift umgekommen.

Im May ging der Kaiser auf Anrathen der Aerzte nach Laxenburg. Er war sonst den Aerzten nicht geneigt; als aber jetzt die Umstände so gefährlich wurden, ließ er sichs gefallen, ein Konsilium Medikum zusammen zu rufen. In Laxenburg erholte er sich allmählig wieder zu Jedermanns Verwunderung. Er arbeitete, wie gewöhnlich, machte selbst Musik, fuhr im Park spazieren, ritt auch einigemal, und ging dann zu Fuß täglich aus. Man hatte im Park und in den Gärten allenthalben kleine Bänke angebracht, auf denen der Monarch, im Fall einer Ermüdung, ausruhen konnte. Der erste Leibarzt, Herr von Störk, nebst dem Leibarzte Kolmann, und der erste Leibchirurgus Brambilla mit seinem Bruder, wohnten zur Fürsorge im Schlosse.

Eine im Monat August erfolgte Ueberschwemmung vertrieb ihn aus Laxenburg, und dann ging er nach Hetzendorf. Seine Besserung schien etwas Dauer zu versprechen. Er fuhr in den Morgenstunden gewöhnlich nach dem Garten von Schön-

Schönbrun, und lief mit seiner gewöhnlichen 1790.
Hastigkeit ganz flink ic. demselben herum. Sein
Körper war äußerst mager.

Endlich war die Besserung so weit gediehen,
daß die Aerzte erklärten, ihr fortdauernder Bey-
stand sey ihm nicht weiter nöthig. Er beschenkte
sie kaiserlich. Störk und Brambilla erhielten jeder 12000 Gulden an baarem Gelde, und einen
Ring mit Brillanten, Rolmann und der jüngere
Brambilla etwas weniger. Mit Anfang des Oktobers bezog der Kaiser seine Wohnung in der
Burg wieder. In den heitern Tagen des Novembers fuhr er noch oft aus, in den Augarten, in
den Prater, oder in die übrigen angenehmen
Gegenden um die Stadt herum.

Im Monat Dezember 1789 fühlte er sich wieder kränker. Dieser Zustand dauerte im Januar
und Februar des Jahres 1790 fort, und verschlim-
merte sich stets mehr. Er verlohr alles Fleisch,
alle Kräfte, wurde unbeschreiblich mager, schlief
wenig, spie oft Blut aus, und hatte anhaltend
einen trockenen Husten mit Eyterauswurf. Man
wollte ihm seinen gefährlichen Zustand, ohne die
dringendste Nothwendigkeit, nicht entdecken. Endlich erklärte ihm der Arzt Quarin ganz rund weg:
er habe eine unheilbare Brustkrankheit. Joseph
belohnte diese offenherzige Erklärung großmüthig.
Er wurde schwächer, ließ sich am 13ten Februar
1790 wieder das Abendmahl reichen: ward noch
schwächer, und ließ sich am 15ten auch die letzte

Oelung

Oelung geben. Jetzt erwartete man bereits jede Stunde seinen Tod.

Joseph der Zweite setzte einen neuen Konferenzrath ein. — Sein Abschied von der Armee.

Allmählig fühlte sich der Kaiser von Tag zu Tage schwächer; und jetzt that er abermals einen Schritt, der ihm um so mehr Bewunderung verschaffte, je unerwarteter derselbe war. Joseph, von je her auf seine Selbstherrschaft so eifersüchtig, stellte die schon unter Marien Theresien außer Wirksamkeit gesetzte Ministerkonferenz wieder her. Die Mitglieder derselben waren: Kaunitz, Stahremberg, Lascy, Rosenberg. Zum geheimen Referendarius dabey ward Spielmann ernannt, und das Amt eines Aktuarii ward dem Hofrath Collenbach aufgetragen.

Unter dem 14ten Februar 1790 gab Joseph dem Hofkriegsrathspräsidenten Haddik*) den Auftrag, der gesammten in der wirklichen Dienstleistung stehenden Armee, von dem höchsten Generalen bis zum gemeinen Mann herab, in seinem Namen bekannt zu machen:

„Weil

---

*) Dieser wackre Greis, der schon 1738 gegen die Türken focht, und dem Berlin seine Thore öffnen mußte, nahm persönlich von seinem sterbenden Monarchen Abschied.

„Soll

"„Weil Se. Majestät sich dem Ende ihres Lebens näherten, so hielten Sie sich für undankbar, wenn Sie nicht der gesammten Armee für die bey allen Gelegenheiten und ohne Ausnahme Allerhöchstderselben bewiesenen Treue, Tapferkeit und Unverdrossenheit ihre volle Zufriedenheit gäben.

„Se. Majestät müßten die Armee eben, weil Sie dieselbe bey einer im Feldzuge sich zugezogenen Krankheit nicht hätten verlassen wollen, nun früher ganz verlassen, als nach dem gewöhnlichen Lauf der Natur und von Ihrer Leibesbeschaffenheit zu vermuthen gewesen wäre.

„Soldat zu seyn, wäre von jeher Allerhöchst Ihre vorzügliche Neigung, so wie die Beförderung des Wachsthums am Ansehen, an innerlichen Kräften und am Werth der gesammten Armee, stets der Gegenstand Höchst Ihrer größten Sorgfalt gewesen."

„Als Landesfürst hätten Se. Majestät alles dazu beygetragen, und als Kriegsgefährte alles Ungemach und alle Gefahren mit Bereitwilligkeit getheilet. Was immer zur Heilung der erkrankten und

---

„Gott befohlen, mein lieber Habdik wir sehen uns „hier zum letztenmahl," sprach J o s e p h und drückte noch freundschaftlich des Helden tapfre Hand. Mit Thränen im Auge und zerrissenem Herzen wankte der biedere Mann vom Sterbebette weg. Von Stund an ergriffen ihn Fieberschauer, und er wurde gefährlich krank.

1790. und verwundeten Mannschaft, zu ihrer Erleichterung und Erhaltung ersonnen werden konnte, sey von Sr. Majestät nie außer Acht gelassen worden, und jeder einzelne Mann sey Ihnen schätzbar gewesen.

„Der vorige Feldzug habe alle Wünsche, die Se. Majestät für die Ehre der Armee in Ihrem Vaterherz genährt haben, vollkommen gekrönet; und dieselbe habe in ganz Europa das Ansehn, welches sie verdient, erworben. Se. Majestät nähmen die trostreiche Beruhigung mit sich, sie werde sich nun bestreben, diesen Ruhm stets zu erhalten.

„Da Se. Majestät nach ihrem Hinscheiden für die Armee nichts mehr thun könnten, so wollten Sie ihr diese dankbaren Gesinnungen mit dem innigsten Wunsche hiedurch zu erkennen geben, daß sie dem Staat, und Sr. Majestät Nachfolger immer eben so getreu, wie Allerhöchstderoselben zugethan seyn möge."

Vernichtung aller Anstalten Josephs in Ungarn und Tyrol.

Man erinnere sich der vielen und wesentlichen Neuerungen, welche Joseph in Ungarn gemacht hatte. Da er bey seinen Anstalten gewöhnlich mit einem Ernst und Nachdruck zu Werke ging, dem nichts widerstehen durfte, so ließ es sich die Nazion einsweilen gefallen, sich in diese Neuerungen zu fügen, doch nicht ohne öffentlichen und kräftigen

gen Widerspruch. Indessen wuchs die Unzufrie- 1790.
denheit von Jahr zu Jahr; und gegen das Ende
1789 nahmen die Angelegenheiten der benachbarten Staaten der österreichischen Monarchie selbst,
eine solche Wendung, daß die Ungarn den Zeitpunkt
für den günstigsten hielten, Vorstellungen an ihren König zu machen, denen er nicht weiter
ausweichen könnte. Dieses geschah auch. Unterm
18ten Dezember 1789 versprach ihnen Joseph,
ehestens einen Landtag zu halten, und ihre Beschwerden mit seinen königlichen Rechten und
wohlgemeinten Anordnungen auszugleichen.

Das war noch nicht genug: man wollte
schleunige Abstellung der verhaßten Neuerungen. Die Umstände kamen auf den Punkt, daß
der Kaiser schon am 28ten Januar 1790 folgendes entscheidende Rescript in lateinischer
Sprache an sämmtliche Gespannschaften des
Königreichs ergehen ließ:

„Da Wir den Landtag, den Wir Euch unter dem 18ten Dezember vorigen Jahres, auf Unser königliches Wort zugesagt haben, nach der im
2ten Artikel des Landtagsschlusses vom Jahr 1723
festgesetzten gesetzmäßigen Krönung und Ausferti-
gung des Inauguraldiploms beginnen, und daher
diesem Landtage persönlich beywohnen wollen: haben Wir denselben auf die Zeiten des Friedens zu
verschieben für gut befunden, um frei von den
Sorgen des Krieges, und von der Krankheit,
die Uns schwächet, wieder hergestellt, Uns ganz
den auf dem Landtage vorkommenden Angelegen-
            H 2   hei=

1790. heiten des Königreichs widmen zu können. Damit Ihr aber, in der Erwartung der noch unbestimmten Zeit, keinen Besorgnissen Raum geben möget, so haben Wir nun festgesetzet, den Landtag nicht über das Jahr 1791 zu verschieben.

Diesemnach versichern Wir Euch hiermit auf Unser königliches Wort, daß Wir nächstes Jahr unfehlbar den Landtag ansagen, und denselben, nach Vorschrift der Landesgesetze, halten werden.

„Um nun hierauf die Mildthätigkeit Unsers gegen die ungarische Nazion väterlich gesinnten Gemüths, nicht allein zu beschränken, und auch in der kurzen Zwischenzeit, bis zur Haltung des Landtags, Eure Wünsche zu befriedigen, haben Wir aus freiem Antriebe die Entschließung gefaßt, die öffentliche Verwaltung in Staats=und Rechtssachen, vom 1sten May dieses Jahrs angefangen, vollkommen in den Stand zu setzen, in dem sich selbige befanden, als Wir im Jahr 1780, nach dem Hintritt Ihro Majestät der Kaiserin und apostolischen Königinn, Unserer geliebtesten Mutter, die Regierung angetreten haben.

„Obschon Wir seit dieser Zeit einige Zweige der öffentlichen Verwaltung in der Absicht, die allgemeine Wohlfahrt des Reichs zu befördern, und in der Hoffnung geändert haben, daß Ihr durch die Erfahrung belehrt, daran Wohlgefallen finden würdet: so nehmen Wir doch, da Uns nun

be=

117

berichtet wird, daß Ihr die vorige Verwaltungs- 1790)
art vorziehet, und in derselben Aufrechthaltung
Eure Zufriedenheit suchet und findet, keinen Anstand, auch in diesem Stücke Eurem Verlangen
zu willfahren; denn da die Wohlfahrt der Unserer Beherrschung anvertrauten Völker der einzige
Gegenstand aller Unsrer Wünsche und Bestrebun-
gen ist, so ist Uns auch jener Weg der angenehm-
ste, auf welchem Wir, nach dem einstimmigen
Sinne der Nazion, am sichersten dahin gelangen.

„Diesemnach wollen Wir, sobald alle Gespannschaften des Reichs, sowohl in Ansehung der
Behandlungsart der Geschäfte, auf General- und
Partikular-Kongregationen, als in Ansehung der
gesetzmäßigen Wahl der Beamten, ihre vorige,
von den Gesetzen ihnen verliehene Gewalt wieder
erhalten haben; ingleichen die königl. Freistädte
und Freibezirke in ihre ehmalige Wirksamkeit
wieder eingesetzt seyn werden, auch alle übrige
seit dem Antritt unserer Regierung erlassene Verordnungen, die nach der gemeinen Meinung den
Landesgesetzen zuwiderstreben scheinen dürften,
durch Gegenwärtiges für aufgehoben und außer
Wirkung gesetzt erklären. Auch wollen Wir, damit bis wegen der besondern Aufhebung dieser
Anordnungen, wozu Wir bereits die nöthigen Befehle ertheilt haben, die weitere Verfügung an
Euch gelanget, die öffentliche Verwaltung in keine
Verwirrung gerathe, daß nichts eigenmächtig aufgehoben werde; Ihr auch, bis der Obergespann
die Ausübung seines Amts antreten kann, den

H 3 bis-

1790. bisherigen wirkenden Obergespannen noch Folge leistet.

„Im übrigen geht unser Wille dahin, daß Unser sogenanntes Ludungs=Edikt, die Verfügungen wegen Errichtungen der Pfarren, und das Wir zu Gunsten der Unterthanen, sowohl wegen derselben Behandlung, als wegen des Bandes der Unterthänigkeit verordnet haben, in voller Kraft verbleiben; da ohnehin diese Anordnung sowohl mit den Landesgesetzen sich vereinbaren läßt, als auf die natürliche Billigkeit gegründet ist; die Pfarreinrichtung aber die Würde eines obersten Patrons der Kirche Uns zur Pflicht macht, übrigens Wir Uns für überzeugt halten, daß Ihr nach Eurer billigen Denkungsart diesen Anordnungen Euren vollkommenen Beifall geschenket habt.

„Damit endlich zur gänzlichen Erfüllung Eurer Wünsche nichts mehr übrig bleibe, so haben Wir befohlen, daß die heilige Reichskrone und die übrigen Kleinodien, welche Wir inzwischen in Unsern Schatz in Verwahrung gebracht hatten, nun ehestens nach Ofen in unser Königl. Schloß gebracht, und dort nach Vorschrift der Gesetze bewahrt werden sollen, wozu Wir einen schicklichen Platz zu bereiten, den Befehl bereits ertheilt haben.

„Durch diese, den bevorstehenden Gesetzen zu Folge erlassenen Anordnungen, erhaltet Ihr ein neues Denkmal Unserer väterlichen Liebe gegen die Ungarische Nazion; und zugleich ein unverbrüchbrüchliches, für ewige Zeiten gültiges Zeugniß, 1790. daß, da die gesetzgebende Macht durch die Grundgesetze des Königreichs zwischen dem Fürsten und allen Ständen des Reichs gleichmäßig getheilt ist; Wir eben so das Recht der Stände aufrecht erhalten wollen, und gleich wie dasselbe von Unsern Vorfahren an Uns gelanget ist, es auch unverletzt an Unsere Nachfolger überliefern wollen.

„Wir versehen Uns auch, daß Ihr für den Feldzug des gegenwärtigen Jahres, den Bedürfnissen des Vaterlandes, durch Früchte zum Unterhalt der für die Sicherheit des Königreichs versammelten Truppen, und durch Rekrutirung derselben, auf die Euch am zweckmäßigsten scheinende Art, bereitwillige Hülfe leisten werdet."

Durch dieses Reskript, worüber ganz Europa erstaunen mußte, wurde also mit einem Federzug von Joseph selbst alles wieder umgestürzt und zernichtet, was er seit neun langen Jahren mit unglaublicher Mühe und mit Geduld, mit guten und bösen Worten, Nachgeben und Strenge, in einem Reiche eingeführet hatte, welches die ansehnlichste seiner Besitzungen war, und von einem Volk bewohnt wird, dessen Nazionalgeist Joseph nicht gekannt zu haben scheint. Dieses Reskript von diesem Kaiser, in diesen Umständen erlassen, welches dem Schicksal von zehn Millionen Menschen vielleicht auf mehrere Jahrhunderte eine neue Wendung giebt, ist eine der denkwürdigsten Urkunden aus Josepha des Zweyten Geschichte.

Bald

1790. Bald darauf wurden die ehemaligen Obergespanne wieder in ihre Würden eingesetzt oder in denselben bestättigt. Am 18ten Februar 1790. Morgens führte man die Krone aus der Burg zu Wien ab. Noch ehe sie in Ofen anlangte, war Joseph schon todt. Was bei dem Empfang derselben, und unmittelbar darauf geschah, gehört schon in die Regierungsgeschichte Leopolds des Zweyten.

Um eben diese Zeit gingen Nachrichten aus Tyrol ein, daß die Bewohner dieser Provinz mit Josephs Reformen allgemein unzufrieden wären. Vorzüglich waren die militärische Konskription und die Neuerungen in Kirchensachen im höchsten Grade verhaßt. Joseph überwand sich abermals. Er schickte schnell eine Staffette nach Innsbruk, mit dem Auftrage: diese Neuerungen aufzuheben, und alles wieder auf den alten Fuß herzustellen. —

Wer den Kaiser Joseph den Zweiten nicht persönlich kannte, der hat keinen Begrif davon, was diese Opfer für ihn waren.

Josephs des Zweiten Regierungsart, große Plane und Oekonomie.

Selbstbeherrscher zu seyn, war Kaiser Josephs Lieblingsidee. Sein thätiger, nicht zu ermüdender Geist, wollte alle Staatsgeschäfte, vom wichtigsten bis zum geringfügigsten, überschauen, leiten, entscheiden.

Er

Er gieng also gänzlich von dem gewöhnlichen 1790. Regierungssysteme der meisten Monarchen ab. Er schuf sich ein Kabinet, das in seinen wirklichen Regierungsjahren mit fünf Sekretairen und einigen Kanzellisten besetzt war. Zwar blieben die Hofstellen und Landesstellen beynahe alle, wie sie unter seiner Mutter bestanden hatten: es wurden auch einige ganz neue errichtet. Aber das Kabinet, das heißt, Joseph selbst, war die letzte Instanz von allen Geschäften ohne Ausnahme.

Jede Sache von irgend einer Wichtigkeit mußte erst ihm selbst vorgetragen werden, ehe sie zur Ausführung kam. Hier nun veränderte, beschränkte, erweiterte oder verwarf er die Vorträge der Stellen so oft; gab so oft donnernde Handbillets an die Chefs, an ganze Dikasterien, ihm auch die Gegenstände von der mindesten Bedeutung in das Kabinet zu schicken, um erst seinen Willen und eigne Verfügung darüber zu vernehmen.

Selbst auf seinen Reisen in und außer dem Lande mußten ihm täglich von allen Stellen die Pakete nachgesandt werden. Darum hat man Befehle, Verordnungen und Entscheidungen von ihm, aus verschiedenen Provinzen und Ländern datirt.

So regierte Joseph wahrhaft durch sich selbst. Aber eben diese, anfangs gutgemeinte unmittelbare Theilnehmung an allen, auch unwichtigen, und unter der Würde eines so großen Monarchen liegenden, alltäglichen Dingen, überhäufte und be-

beschäftigte seinen Kopf allmählig so sehr, daß die wahren Staatsmänner wünschten, er möchte weniger durch sich selbst regieren, und nur den größern, seiner würdigen Gegenständen eine solche Aufmerksamkeit weihen.

Daß Kaiser Joseph seinen Staat sehr gut kannte, bleibt eine ausgemachte Wahrheit. Wenn er irgendwo einen neuen Chef in einer Provinz anstellte, so gab er ihm gewiß die genauesten Notizen von derselben, die Niemand anderer so sehr in seiner Kenntniß hatte.

Als er die Distrikte in Ungarn errichtete, schilderte er jedem dabey ernannten Distrikts-Kommissär die ihm zugetheilten Gegenden, in politisch-ökonomisch-und moralischen Betracht so bestimmt, so umständlich und treffend, daß man darüber erstaunt, wenn man es liest. Kein Staatsbeamter, von was immer für einem Range, hatte eine so ausgebreitete, so genau lokale Einsicht in die ganze Verfassung, und in die mancherley Provinzen des österreichischen Staats, wie Joseph; und keiner ließ es sich so sauer werden, für den Staat zu arbeiten, wie der Beherrscher desselben.

Es läßt sich nicht läugnen, daß Kaiser Joseph einen grossen Hang zur Eigenmacht, zur uneingeschränkten Regierungsart hatte; doch nahm er nie öffentliche Miene davon an. In seinen Patenten 2c. hieß es niemals, wie in den Patenten so mancher anderer Fürsten: So ist es unser Wille; der Monarch will es so 2c. Nein, Josephs Sprache war

war immer: Das allgemeine Beste ꝛc. Unsere
Pflicht als Landesvater ꝛc. verlangt es so. Man
ließt so mehrere seiner eigenhändigen Aufsätze,
wenn er sagt: „es wäre thöricht, wenn ein Lan-
„desherr sich einbildete, das Land sey für ihn,
„nicht Er für das Land und die Unterthanen da."
Allein man wollte bey solchen Gelegenheiten öfters
einen Widerspruch zwischen Worten und Thaten
bey ihm bemerkt haben.

Seine Plane für das Ganze waren unstreitig
groß, weitaussehend, schöpferisch. Vor allen
Dingen wollte er aus seinen weitläuftigen Besitzungen Einen Staat bilden. Es sollte einerley
Gesetzverfassung, einerley Interesse, einerley
Steuer, einerley Hauptsprache, einerley Hand-
lungssystem, einerley Geist der Nazionaldenk-
kungsart ꝛc. darein gebracht werden; eine äus-
serst schwere Unternehmung, wenn man einen
Blick auf diese Besitzungen wirft, und sieht, wie
sie aus vielerley Völkerschaften, Religionen, Sitten, Trachten, Verfassungen ꝛc. bestehen; und
noch so weit an Kultur, Kenntnissen und Denkungsart von einander entfernt sind.

Weiter wollte Joseph seinen Staat zu einem
selbstständigen, von allen andern Staaten unab-
hängigen, oder doch nur aktive mit denselben ver-
bundenem Staat machen. Darum beschränkte er
im Religionswesen den Einfluß des Pabstes, und
hob die Verbindung der Mönchsorden mit auswärtigen Obern auf; riß die unter ausländischen
Bischöfen stehenden Gegenden von denselben los,

und

1790. und unterwarf sie einheimischen Bischöfen. Darum traf er in politischer Rücksicht an den Gränzen mit Frankreich, Holland, Venedig ꝛc. Tausch, Ankauf, Verkauf ꝛc. bey Gränzorten, wo seine und fremde Oberherrschaft sich kreuzen oder in Gegenstoß kamen. Darum verbot er, in ökonomischer Hinsicht, die Einfuhr aller fremden Waaren, die Ausschleppung des innländischen Geldes. Darum duldete er auch den Büchernachdruck, weil er diesen Gegenstand blos als Kommerzsache, den Buchhandel wie den Käsehandel betrachtete.

Endlich wollte Joseph, durch die physiokratischen Grundsätze, und die Anhänger dieses Systems bewogen, im Gewerbe, im Handel und Wandel und der Nahrungsart seiner Unterthanen, allgemeine Freyheit einführen. Darum hob er, einsweilen zum Versuch, in Mähren die ganze Fleischhacker-Innung auf; darum hob er in Wien die Brodtaxe, Fleischtaxe, Holztaxe, ꝛc. auf; darum war jedem Pfuscher erlaubt, jedes Gewerbe zu ergreifen. Statt der gehofften guten Wirkung hatten diese in die Praxis übertragenen physiokratischen Theorien die schlimmsten Folgen. Fleisch von todten und unreinem Vieh wurde nun in Mähren verkauft, und ganze Dorfschaften wurden dadurch krank gemacht; denn da der Verkauf Jedermann frey war, konnte man die nöthige Aufsicht über das ganze Land nicht führen. Die Aufhebung der Taxen in Wien sollte Fleisch, Brod und Holz wohlfeiler machen; es geschah gerad das Gegentheil. Die allenthalben zugelassenen Pfuscher, gingen gewöhnlich bald wieder zu Grunde, verdarben bei, aber durch ihr leichtsinniges Schleudern auch dem ächten Gewerbsmanne auf einige Zeit sein Geschäfte.

Ueberhaupt genommen, übereilte auch Joseph seine Anstalten. Man machte ihm einst darüber Vorstellungen: Was sagte er dazu? „Von al„lem, was ich unternehme, will ich auch gleich „die Wirkung empfinden. Als ich den Prater „und Augarten zurichten ließ, nahm ich keine „jungen Sprossen, die erst der Nachwelt dienen „mögen; nein, ich wählte Bäume, unter deren „Schatten ich und mein Mitmensch Vergnügen „und Vortheil finden können."

Um seinem Staate jene Unabhängigkeit, jenes Uebergewicht zu verschaffen, das in seinen Plauen lag, fühlte Joseph sehr wohl die Nothwendigkeit, eine strengere Oekonomie einzuführen, als bei seinen Vorfahren gewöhnlich gewesen. Dies geschah auch. Es wurden beträchtliche Summen von alten Schulden zurückbezahlt. Die Wiener aber waren mit seiner Haushaltung nicht am Besten zufrieden. An den Aufwand eines zahlreichen glänzenden Hofes gewöhnt, fanden sie ihren Monarchen nun mit einemmale gar zu ökonomisch, der keine Feste gab, der die äußerste Simplicität in Kleidern zur Mode machte, seine Burg leer stehen, und seine Köche müssig gehen ließ, der keine halbe Million brauchte, wo seine Mutter jährlich bei sechs Millionen ausgegeben hatte.

Den

1790. Den Aufwand, welchen der Kaiser Joseph für seine eigne Person machte, bezahlte er nicht mit den öffentlichen Staatsgeldern, sondern aus seinem Familienvermögen. Aus diesem bestritt er alle Kosten seiner vielen und großen Reisen, auf deren einer er einst 16000 Dukaten bloß verschenkte. Aus diesem schoß er den Fabrikanten Geld vor. Aus diesem gab er jährlich 20000 Gulden in das Armeninstitut. Aus diesem steckte er täglich 100 Dukaten, oder eben so viel halbe Souverainsd'or in die Tasche, die er den Tag über, ohne Geräusch, verschenkte.

Joseph des Zweiten Temperament, Gemüthsart, Leidenschaften; seine Vergnügungen, sein gesellschaftlicher Charakter.

Cholerisch-Sanguinische Leute sind die, welche in der Welt am meisten bemerkt und gefürchtet werden, und welche Epoche machen; am kräftigsten wirken, herrschen, zerstören und bauen: Cholerisch-sanguinisch ist also der wahre Herrscher- und Despotencharakter: sagt der Herr von Knigge.

Josephs des Zweiten Temperament war das Cholerisch-Sanguinische; und seine Handlungen verriethen es. Herrschen, wirken, zerstören, bauen, war ganz und unaufhörlich seine Sache. Alle sei-

seine Fehler und Schwachheiten waren Resultate 1790. seines Temperaments.

Rasch und aufbrausend; schnell ergreifend, und eben so schnell wieder verwerfend, war seine Gemüthsart. Rasch sein Gang, rasch seine Gebährde, rasch alles sein Thun. Weichlichkeit war eine ihm unbekannte Sache; und Sorge und Schonung für sein Leben und seine Gesundheit waren ihm lästig. Er stürzte mit Pferden, gerieth auf Reisen in aufgeschwollene reißende Ströme, öfters kaum nagelbreit mehr vom Tode entfernt; war zweimal auf dem Punkte von Hirschen gespießt zu werden. Alles das machte ihm keine Minute Sorge, machte ihn nicht schüchtern, sondern gab ihm Gelegenheit darüber zu scherzen.

Sein sonst offener Karakter gewann allmählig mehr Zusatz von Mißtrauen; und darum begünstigte er das Denunziiren zu stark. Er hatte aber gesehen, wie sehr das Zutrauen seiner Mutter von verschmitzten Leuten gemißbrauchet worden, hatte an sich selbst erfahren, wie oft er hintergangen ward, wie selten seine Absichten recht ausgeführt, wie häufig seine Befehle verdreht wurden. Dies mußte ihn mißtrauisch und eigensinnig machen. Konnte man z. E. dem Publikum nur genau und umständlich erzählen, welche Hindernisse, Gehäßigkeiten, Schwierigkeiten und Verdrüßlichkeiten man ihm bei der einzigen Einführung der Toleranz in den Weg legte, die doch so öffentlich und allgemein gepriesen wurde: das Publikum würde Mitleiden mit ihm haben, würde ihm manchen

besheftgen Schritt, manchen harten Ausspruch zu gute halten.

Ohne Schmeichley darf man es behaupten; Josephs erste und stärkste Leidenschaft war herrschen, regieren, arbeiten; dieser opferte er alles auf. Ambition hatte Joseph ebenfalls, und ein Monarch eines so mächtigen Staats muß sie haben. Zum Zorn machte ihn sein aufbrausendes Temperament geneigt; und dieses erfuhren zu Zeiten seine Bedienten, die er überhaupt strenge hielt; in spätern Jahren aber reichlicher beschenkte, als ehedem.

Die Sinnlichkeit hatte nur von einer einzigen Seite Gewalt über ihn. Und den ersten Stein werfe auf ihn, wer die Gewalt der Sinnlichkeit von dieser Seite nicht selbst jemahls gefühlt hat. Für einen Wittwer von dreißig Jahren, dessen Temperament Feuer, dessen körperliche Konstitution in ausserordentlichem Grade gesund und stark ist, soll es die Welt, dächt' ich, verzeihlich finden. Denn bei all seinem unbändigen Feuer, hatte Joseph nie eine Mätresse, welche Einfluß in das Wohl des Staats besaß: nie eine, welcher er Staatsgelder, oder einige beträchtliche Summen aufopferte.

Eigentliche Favoriten hatte Joseph nicht. Denn daß er einem Kammerdiener oder Kammerlakaien gewisse häusliche Vertraulichkeiten auftrug; das heißt in der politischen Welt kein Günstling.

Sei-

Seinem geraden, hitzigen, offenherzigen, thä- 1793:
tigen Karakter gemäß, hatte er eine unüberwind-
liche Abneigung gegen alles, was weitschweifig,
steif, schwülstig: was Zeremoniel, Etikette, über-
flüssige Formalität war. Es fiel ihm lästig, daß
er manchmal im feierlichen Aufzug bei offener
Tafel speisen, daß er bei geistlichen und weltli-
chen Ceremonien im Pomp erscheinen sollte. Er
war der erste, welcher die Gewohnheit aufhob,
daß immer die adelichen Leibwachen neben dem
Wagen der Personen vom regierenden Hause rei-
ten mußten. Er verbot, durch eine eigene Verordnung, das Kniebeugen vor Ihm selbst und seinem
Hause, weil dieses eine dem höchsten Wesen allein
zuständige Ehrenbezeugung sey. Er schränkte die
Zahl der dienenden Kammerherren auf 36 ein,
und überhob auch diese sehr oft ihres Dienstes.

Indessen gestehe ich ganz willig, daß sein mo-
ralischer und politischer Karakter, genau genommen, noch eine Art von Räthsel ist; eine wun-
derbare Mischung von Gutherzigkeit und Härte;
von großen und kleinen, von überdachten und
übereilten Ideen, von weitaussehenden und kurz-
sichtigen Planen und Entwürfen.

Kein Monarch vor ihm und mit ihm, hat
sich wohl seinen Stand, im Punkte der Vergnügungen, so wenig zu Nutze gemacht, hat so wenig auf Zerstreuungen und Lebensgenuß gehalten, wie Kaiser Joseph der Zweyte.

J Wer

1790. Wer den Kaiser und seine Verhältnisse genauer kannte, der darf wohl behaupten, daß der geringste Handwerksmann, daß der Taglöhner, in seiner Art, weniger arbeitete, und sich mehr Ergötzlichkeiten verschaffte, als sein Landesherr.

Indessen, da es keinem Menschen möglich ist, unaufhörlich angestrengt zu seyn, so erlaubte sich auch Joseph einige Vergnügungen.

Die politischen Absichten weggerechnet, waren seine Reisen ein wirkliches Vergnügen für ihn. So viele Völkerschaften, die abstechenden Sitten, Gebräuche, Lebensart, kennen zu lernen, hatte einen unauslöschlichen Reiz für ihn. Und es ist ein sehr gültiger Beweis von einem großen Geist, wenn man das Reisen liebt. Dabei verschaffte ihm sein gewöhnliches Inkognito, seine simple Art zu reisen, hundert drolligte Auftritte in fremden Ländern. Bald ließ er sich zum Gevatter bitten, bald wohnte er einer ländlichen Hochzeit bei, bald tröstete er hülflose Aeltern, bald überraschte er mit glänzenden Geschenken unschuldige Kinder.

Musik war eine seiner angenehmsten Vergnügungen. Bei seinem Aufenthalte in Wien hatte er nach Tische fast täglich Musik. Wenn ein großes vollstimmiges Konzert war, so spielte er oft das Violoncello dabei. Bei Quartetten und kleinern Parthien aber spielte er das Klavier, und sang manchmal Arien aus den auf dem Theater aufgeführten Opern. Er sang einen reinen angenehmen Baß.

Das

Das Theater liebte, schützte, und unterstützte 1790.
er großmüthig. Munter komische Stücke, und lustige Opern hörte er gern. Er saß niemals in der eigentlichen Hofloge, sondern in der dritten Loge neben dem Theater. Wenn er von großen Reisen zurückkam, und das erstemal wieder im Theater erschien, empfing ihn das Publikum mit einem allgemeinen Geklatsche. Er neigte sich dann über die Loge heraus, und dankte freundlich. Manchmal hielt er das ganze Stück aus; öfterer aber blieb er nur während ein paar Akten, oder hörte nur einige Arien aus einer Oper, und ging noch vor dem Ende des Stücks hinweg.

Die Jagd brauchte er, mehr wie eine seiner natürlichen Thätigkeit nothwendige Leibesübung, als ein Vergnügen. Er jagte Hirsche in der Gegend von Stammersdorf, schoß Wild im Prater, in der Brigittenau, selten auf seinen Familiengütern. Einst war er dabei in großer Lebensgefahr. Ein Hirsch sprang auf ihn zu, kam mit dem Geweih in sein Kleid, und hob ihn von der Erde auf; aber das Kleid riß aus, der Hirsch rannte davon, und der Kaiser hatte eine Kontusion auf der Brust, die er Monate lang empfand. Während seines Feldzugs gegen die Türken, hob er die Equipage der Parforce-Jagd gänzlich auf.

Statt des Theaters, oder aus dem Theater weg, ging er gewöhnlich in Gesellschaft; sie war gemischt von geistreichen Damen und Männern. Er besuchte verschiedene Häuser; von jeher aber hatte er eine besondere Gesellschaft von fünf Da-

J 2   mes,

1790. men, die er mit dem allgemeinen Namen: die Fürstinnen, nannte. Es waren die Wittwe des Fürsten Franz Lichtenstein, die Fürstinn Karl Lichtenstein, ihre Schwester die Gräfinn Ernst Kauniz, die Fürstin Kinsky, die Fürstinn Clary: dieselben, an welche er das nachfolgende Abschiedsbillet schrieb. Diese Gesellschaft versammelte sich abwechselnd in einem Hause von den fünf Damen: am öftersten aber bey der Fürstinn Franz Lichtenstein. Von Männern kamen dazu: Graf Ernst Kauniz, Rosenberg, Lascy. Es dauerte gewöhnlich bis zehn Uhr, und an Sonntagen bis 12 Uhr Nachts. Joseph erschien hier nicht als Monarch, sondern als Bürger und angenehmer Gesellschafter.

In der That besaß er dieses Gesellschaftstalent im vorzüglichsten Grade. Er hatte Welt, Anstand, Witz, Feinheit und Leichtigkeit im Ausdruck; war mit den Damen galant, höflich und gesprächig mit Jedermann. Zeugen davon sind alle jene Länder und Höfe, die er auf seinen Reisen persönlich besuchte. Man war allenthalben von seiner Person und seiner Art, mit den Leuten umzugehen, bezaubert. König Friedrich von Preussen behauptet in seinen Schriften sogar, man sey in einigen Ländern auf Joseph heimlich eifersüchtig geworden, weil dieser durch seine gute, feine, gefällige Lebensart Jedermanns Neigung gewann, und manchen andern Fürsten an Popularität weit übertraf.

Wenn er während des Sommers im Augarten wohnte, mischte er sich gewöhnlich des Tages

ein

ein paarmal unter den Schwarm der Spaziergänger, und ging Stundenlang im Garten, auch im Prater herum. Selbst, wenn er jemanden etwas abschlug, geschah es auf eine freundliche Art. Nur in den zwey letzten Jahren seines Lebens war er etwas mürrischer und auffahrender.

Tod der Erzherzoginn Elisabeth.

Kaiser Joseph der Zweyte hatte weder aus seiner ersten, noch aus seiner zweyten Ehe einen Leibeserben übrig; demungeachtet entschloß er sich, nicht wieder zu heirathen. Kleine vorübergehende Unpäßlichkeiten abgerechnet, war er jetzt noch gesund und stark, und konnte auf eine ansehnliche Lebensdauer hoffen.

Um das Freundschaftsband zwischen Oesterreich und Rußland desto fester zu knüpfen, wurde die Heirath seines Neffen Franz, erstgebornen Sohnes von seinem Bruder Leopold in Toskana, mit der Prinzessinn Elisabeth, Tochter des Herzogs Friedrichs Eugen von Würtemberg, beschlossen.

Schon im Jahr 1781 kam die Prinzessinn mit ihren Aeltern nach Wien. Im Jahre 1782 kam sie mit dem Großfürsten und der Großfürstinn von Rußland, (ihrer Schwester) wieder, und blieb nun da als künftige Braut des Erzherzogs. Nach erhaltenem Unterricht bekannte sie sich zur römischkatholischen Religion. Im Jahr 1785 führte Leopold seinen Erstgebornen nach Wien, der von

1790. dieser Zeit an ebenfalls daselbst verblieb, seine Erziehung und Bildung ganz vollendete, und am 6ten Januar 1788 mit der Prinzessinn Elisabeth von Würtemberg getraut ward.

Aber nicht lange, so ward das Rosenband in einen Trauerflor verwandelt. — In der Nacht auf den 17ten Februar 1790 empfand die Erzherzoginn Elisabeth die ersten Anzeigen ihrer herannahenden Niederkunft. Am frühen Morgen fanden sich die Geburtsschmerzen ein; und diesemnach wurden alle Vorkehrungen getroffen, und die Aerzte sogleich herbeygerufen. Die Wehen wurden immer schmerzlicher, und schwächten die durchlauchtigste Erzherzoginn auf das äusserste, ohne daß sie des Kindes genesen konnte; und erst am Abend um 9 Uhr ward sie von einer Prinzessinn entbunden, welche gesund und durchaus wohlgestaltet war. Die neugeborne Erzherzoginn ward von der Obersthofmeisterinn, Gräfinn von Chanclos, im Namen der Großherzoginn von Toskana, über die Taufe gehalten, und erhielt die Namen Aloysia Franziska Elisabetha.

Aber die durchlauchtigste Gebährerinn war von den erlittenen Geburtsschmerzen so sehr entkräftet, daß man für ihre Erhaltung Besorgnisse schöpfte, und diese waren leider! nicht ohne Grund. Gegen 11 Uhr Abends dieses 17ten Februars wollte die Prinzessinn schlafen, und der Leibmedikus Baron von Störk, der nichts Gefährliches mehr bey ihren Umständen fand, ging mit dem Accoucheur und einem andern Arzt weg;

es

es blieb niemand bey der Prinzeſſinn, als ihre Oberſthofmeiſterinn, die Gräfinn von Chanclos, und eine Kammerfrau. Bis 4 Uhr des Morgens ging nichts Auſſerordentliches vor; aber da ſahe man, daß ſie im Geſicht verändert war, und ohne ſich nur im geringſten über etwas zu beklagen, machte ſie convulſiviſche Bewegungen mit den Händen. Nun lief man von allen Seiten zuſammen; der Baron von Störk kam an, und fand die Erzherzoginn in den letzten Zügen. Ein Viertel nach 7 Uhr, als den 18ten Februar Morgens, ſtarb ſie, ohne nur ein Zeichen von Schmerz oder Convulſion zu geben, ſo, daß ſie gleichſam ſchlafend in die Ewigkeit ging. Man vermuthet, daß ihr eine Ader im Leibe zerſprungen, oder daß ſie von einem Schlagfluß befallen worden ſey.

1790.

Der Kaiſer, durch ſeine eigene ſchwere Krankheit gebeugt, der Erzherzog Franz, welcher dieſe ſeine treflichſt erhabene Gattinn innigſt liebte, und der geſammte Hof, ſo wie alle getreue Unterthanen, die in ihr eine Prinzeſſinn voll Güte, Sanftmuth und königlichen Tugenden verehrten, wurden durch dieſen Trauerfall mit Beſtürzung und Traurigkeit erfüllt.

Der Leichnam der Höchſtſeligen wurde in einen Sarg gelegt, der den 19ten Morgens in der Hofkapelle auf einem drei Stufen hohen, mit ſilbernen Leuchtern beſetzten Todtengerüſte, unter einem ſchwarzſammetnen Thronhimmel ausgeſetzt wurde. Um den Sarg herum waren der Erzherzogshut, die Toskaniſche Krone, und das Zeichen

1790. des Sternkreuzordens auf schwarzsammetnen Küssen gestellt. Der Zutritt war Jedermann erlaubt. Am 20sten Nachmittags um 4 Uhr rückte das zum Leichenbegängnisse bestimmte Militair auf die demselben angewiesenen Posten, den Josephs- und Spitalplatz, bis zur Kirche der Pater Kapuziner, und auf den neuen Markt aus. Um 5 Uhr Abends fanden sich die Spitalleute und aus sämmtlichen Pfarren der Residenz Wien und anderen Vorstädten die Pfarrgeistlichen, welche den Anfang des Leichenzugs zu machen hatten, in der Kirche der Pater Augustiner ein. Um eben diese Zeit begaben sich der erste K. K. Oberhofmeister, Fürst von Stahremberg, der die Leiche zu führen hatte, wie auch die sämmtlichen geheimen Räthe, Kämmerer und Truchsessen, ingleichen die Dames de Pal. is und die übrigen Damen, endlich der Stadmagistrat, in die Kirche der Pater Kapuziner.

Um 6 Uhr wurde der Leichnam von dem Ausstellungsorte gehoben, und unter der Einsegnung des Burgpfarrers in den Hofleichenwagen eingesetzt. Hierauf setzte sich der Leichenzug vom Hof aus in folgender Ordnung in Bewegung. Voraus ritt Kavallerie, dann folgten: 1) ein einspänniger; 2) ein zweispänniger Wagen für Kammerfouriere; 3) ein sechsspänniger Wagen für den Erzherzogl. Oberhofmeister, und 2 K. K. Kämmerer; 4) die gesammte K. K. Hoflivree zu Fuß; 5) der Wagen mit dem Leichname; auf jeder Seite desselben gingen Edelknaben mit Wachsfackeln, und die Leibgarden zu Fuß; 6) Zwei Züge von der königl. ungar. adel. Leibgarde zu Pferde; 7) eine Grenadiere bierkompagnie machte den Beschluß. Bey Anlangung an der Thür der Kapuzinerkirche wurde der Leichnam aus dem Wagen gehoben, und auf das in der Kirche hierzu bereitete, mit einem Goldstoff bedeckte Gerüste gestellt. Nachdem hierauf der Kardinalerzbischof die Einsegnung vorgenommen hatte, wurde der Sarg von zwölf Pater Guardianen, unter Begleitung von zwölf mit Fackeln versehenen Kapuzinern, in die Erzherzogl. Oesterreich. Gruft übertragen, wo der Kardinalerzbischof die letzte Einsegnung vornahm. Hierauf ließ der erste K. K. Oberfthofmeister durch einen Kammerfourier den Sarg eröffnen, um den umstehenden Kapuzinern den Leichnam zu zeigen, welcher dann dem Pater Guardian dieses Klosters, nach der seiner Seits geschehenen Angelobung, bestens dafür zu sorgen, nebst einem Sargschlüssel zur Aufbewahrung übergeben wurde. — Die verewigte Frau Erzherzogin war 1767 den 21sten April geboren.

Josephs des Zweiten Krankheit auf dem höchsten Punkte. Geschenke an seine Kabinetsbeamte und Dienerschaft. — Abschied von seinen Freunden. — Seine letzte Nacht — Leichenzug — Testament.

Der Schleier, der bisher vor den Gesundheitsumständen des Kaisers hing, ward nun auf

1790. einmal ganz weggezogen. Joseph selbst hob ihn auf, nachdem er lange nicht im Stande war, von seinen Aerzten die wahre Beschaffenheit seiner Krankheit zu erfahren. Er ließ am 5ten Februar den Doktor von Quarin kommen, der seit 3 Monaten sein gewöhnlicher Arzt gewesen war. Nach einigen Fragen über die Symtome seiner Krankheit, drang er stark in ihn, die Wahrheit nicht zu verhelen. Herr von Quarin, der da sahe, daß der Kaiser sie schlechterdings wissen wollte, erklärte ihm, mit einem Ausbruch von Thränen, daß die Krankheit unheilbar sey. Hierauf verlangte der Kaiser zu wissen, ob er noch einige Zeit damit zubringen würde? — Ja, sagte der Arzt, aber, fügte er hinzu: diese Krankheit ist eine von denen, wo die Patienten jeden Augenblick ihrem Tode entgegen sehen können. Nach einigem tiefen Stillschweigen entließ der Monarch mit der größten Danksagung den Arzt. An dem nämlichen Tage empfing Herr von Quarin ein sehr verbindliches Billet, und die Summe von 10000 Gulden, nebst dem Titel eines Barons für sich und seine Nachkommen, die ihn zum Beweise führen werden, daß Aufrichtigkeit erhabner ist, als jene Schmeicheley, die aus den Großen der Erde unsterbliche Wesen machen will. —

Joseph war auf alles gefaßt, und man kann mit Wahrheit sagen, daß Er allein ohne Erschütterung an diesen Todesfall dachte. Mit der vollkommensten Ruhe der Seele sah der Monarch, bis zum letzten Hauch seiner Auflösung entgegen, nahm schriftlich und mündlich von seiner durchlauchtigsten

sten Familie, und allen, die ihm werth waren, 1790. mehr um sie zu trösten, als selbst zu klagen, Abschied, und hörte bis an seine Todesstunde nicht auf, alle Staatsgeschäfte so angelegentlich zu besorgen, daß man sagen kann: er sey in Ausübung der Pflichten gestorben, von denen er in seinem Herzen von jeher so hohe Begriffe genähret hatte. Besonders aber wendete er die letzten Wochen seiner Regierung an, neue Wohlthaten über seine Völker und einzelne Unterthanen zu verbreiten. Entschlossenheit und Gelassenheit zeigten sich in jeder Handlung, in jedem Worte des seinem Ende nahen Fürsten. So sagte er noch am 14ten Februar, zu einem der Konferenzminister: „Ich „weiß nicht, ob der Dichter so ganz Recht hat, „wenn er schreibt: Et du Trone au cercueil le „passage est terrible (d. i. Furchtbar, schrecklich „ist der Schritt vom Throne zum Grabe.) Ich „vermisse den Thron nicht, fühle mich ruhig; „nur ein wenig gekränkt, durch so viel Lebens= „plage, so wenig Glückliche, und so viel Un= „dankbare gemacht zu haben; allein das ist ja „das Schicksal der Männer auf dem Throne."

Als der Kaiser am 13ten Februar mit dem Hochwürdigen versehen wurde, stürzten dem Helden Loudon beim Eintritt in den Vorsaal die Thränen über die Wangen herab; und es erschütterte die Zuschauer gewaltig, den Mann weinen zu sehen, der im Getümmel der Schlacht, von tausend Leichen umgeben, stets standhaft blieb. Die unerschütterliche Standhaftigkeit des erhabenen Patienten in diesem so wichtigen Zeitpunkte, er=

1790. regte allgemeine Bewunderung. Er tröstete alles, was ihn umgab, und blickte mit Heiterkeit in die Schauer des Grabes hinab. Nach Empfang des Hochwürdigen schickte der Monarch unmittelbar nachher zum französischen und neapolitanischen Gesandten, und ließ beiden sagen, er vermuthe, daß nach der feierlichen Handlung, die er so eben vorgenommen, sie ihren Höfen durch Kouriere Nachricht von seinem Befinden geben würden, sie möchten aber damit nur noch ein paar Stunden warten, weil er selbst diesen Kourieren etwas mitgeben wollte. Gegen 11 Uhr schickte er ihnen hierauf einen Brief an seine beiden Schwestern, (die Königinn von Frankreich und die Königinn von Neapel) die sogar bis zur Aufschrift ganz von seiner eigenen Hand geschrieben waren.

Die Gemahlinn des Erzherzogs Franz hatte vielfältig Verlangen bezeigt, ihn zu besuchen, es war ihr aber, ihrer nahe bevorstehenden Entbindung wegen, nicht erlaubt worden. Nachdem der Kaiser am 15ten Februar die letzte Oelung empfangen hatte, wollte sich die Erzherzoginn durch keine Vorstellung mehr abhalten lassen, ihn noch einmal zu sehen, und er selbst mußte ihrem dringenden Verlangen nachgeben; nur ließ er sie bitten, daß sie um ihrer selbst willen sich fassen und nicht weinen möchte. Dies versprach sie, und ward nun in einer Sänfte hingetragen. Damit sie über des Kaisers Todtenblässe und über seine Abgezehrtheit nicht erschrecken mögte, ließ er, ehe sie ins Zimmer trat, die Fensterladen zumachen, und es ward in einer Ecke blos ein Nacht-
licht

nicht angezündet. Man kann denken, unter was 1790.
für Empfindungen sie in das Sterbezimmer des
Monarchen trat, der ihr so viele Beweise seiner
Vorsorge gegeben hatte, und den sie deshalb über-
aus hochschätzte. Kaum war sie bis zu seinem
Sitze hingewankt, und hatte neben demselben
Platz genommen, als schon die ersten Worte, die
der Kaiser mit bebender Stimme zu ihr sagte, sie
dermaßen erschütterten, daß sie ohnmächtig ward,
und in diesem Zustande der Betäubung wieder
hinausgebracht werden mußte, ohne daß sie weder etwas hatte sagen, noch von dem, was er ihr
zu sagen gedachte, etwas vernehmen können. Es
war dies ein seelenerschütternder Auftritt. Der
Monarch ermahnte sie zur Geduld, und zum Vertrauen auf Gott; bat sie ihre Frucht im Mutter-
leibe zu schonen, und sich durch Traurigkeit nicht
zu kränken; und bezeugte ihr, daß ihn sein Zustand nur deswegen schmerzte, weil eben die Zeit
ihrer Entbindung vorhanden sey. Er gab ihr seinen Segen und entließ sie.

Wie schon gesagt worden, so hatte die Erzherzoginn in der Nacht auf den 17ten Februar die
ersten Geburtswehen empfunden, und man meldete dieses sogleich dem Kaiser. Von diesem Augenblick an war er sehr unruhig, und schickte öfters zu ihr, um Nachrichten von ihren Umständen zu erhalten. Diese lauteten nicht erwünscht,
und man mußte dem Monarchen jedesmal sagen,
daß sie noch stark litte, bis man ihm dann meldete, daß die Erzherzoginn von einer Prinzessinn
glücklich sey entbunden worden. Ungeachtet des
schlech-

1790. schlechten Zustandes, in welchem der Kaiser sich selbst befand, war er doch sehr vergnügt, er beschäftigte sich mit den Geschenken, die er für die Erzherzoginn bestimmte, und ließ ihr sehr viel Verbindliches sagen, um sie zu trösten.

Der Graf von Rosenberg erschien gegen 8 Uhr des andern Morgens in dem Zimmer des Monarchen, der ihm wie gewöhnlich guten Morgen sagte, und sich nach der Erzherzoginn erkundigte. Der Graf sagte ihm, sie befände sich schlecht; und als der Kaiser vermuthete, daß hier blos die Rede von den Folgen der schweren Entbindung sey, so sagte ihm der Graf, sie sey in Gefahr. Hierauf fragte der Kaiser, ob der Graf es für nöthig halte, daß man sie mit dem Hochwürdigen versehe; und da der Graf versetzte, daß es zu spät sey, so sahe der Kaiser nun, daß er eine geliebte Nichte verloren habe. Er stützte den Kopf auf seine Hände, und rief: „Und ich lebe noch?" — Herr dein Wille geschehe!" — Nachdem er nun 10 Minuten lang in sprachloser Betäubung gesessen hatte, gab er die Befehle zu ihrem Begräbniß, und setzte hinzu, daß, weil der Körper der Prinzessinn dem seinigen Platz machen müßte, so könnte sie keine drei Tage in der Kapelle ausgesetzt stehen, und es wäre also nöthig, daß man sie heute begrübe.

Es ist unläugbar, daß dieser unvorhergesehene Todesfall den Kaiser sehr stark angrif, und seine ganze Hoffnung zu Boden schlug: denn Elisabeths Verbindung mit seinem Enkel Franz, war ganz

sein

sein Lieblingswerk gewesen. Dies war der tödt- 1790.
lichste Stoß, welcher ihn bei seinen ohnehin un-
heilbaren Umständen treffen konnte. Auch sagte
er öffentlich, daß er dadurch sich gänzlich nie-
dergedrückt fühlte.

Nebst diesem gaben noch die Unruhen in Ungarn, denen noch in Böhmen nachzufolgen droh-
ten, und dann das Gerücht, daß ein gewisser Hof
diese Gährungen bewirkt habe, dem kranken Monarchen den Herzensstoß. Er soll sich der wehmü-
thigen Ausdrücke bedient haben: „Ich will ihnen
„ja gern alles gestatten, sie sollten mich nur im
„Frieden zur Grube fahren lassen" — Der Kaiser hatte befohlen, daß man es ihm anzeigen sollte,
wenn die ungarische Krone nach Ungarn abge-
führt würde. Als dieses am 18ten Februar geschahe, sagte er: „Nun sehe ich, daß der Allmächti-
„ge noch bei meinen Lebenszeiten alle meine Wer-
„ke zertrümmert." Als er von seinem Loudon
Abschied nahm, rief er ihm zu: „Reichen sie
„mir Ihre alte Hand; ich werde nicht mehr das
„Vergnügen haben, sie zu drücken." Am 19ten
Februar Vormittags gegen 10 Uhr, eben als Fürst
Dietrichstein sich bei ihm befand, wurde es ihm
plötzlich dunkel vor den Augen. „Nun ist es Zeit,
daß wir abbrechen," sagte Joseph; „Wir sprechen uns zum letztenmal. Lassen Sie mir den
Beichtvater hereinkommen.

Nachmittags um 4 Uhr unterschrieb er noch
eine Schrift, schrieb aber Joseph statt Joseph,
unerachtet er noch den Tag zuvor seinen Namen

noch

1790. noch achtzigmal ordentlich unterschrieben hatte. Während den letzten 8 Tagen seines Lebens verschenkte er eine halbe Million Gulden.

In seinem Testamente hatte er der Erzherzoginn Elisabeth von seinem Allodial=Vermögen jährlich 80000 Fl. ausgesetzt; nach ihrem Tode änderte er diesen Punkt, und sollte nunmehro diese Summe die neugeborne Prinzessinn erhalten. Als der Monarch am 18ten Februar vernommen, daß die Oberhofmeisterinn der verewigten Elisabeth, Gräfinn von Chanclos, über den Verlust dieser Prinzessinn ganz untröstlich war, schrieb er ihr ein schmeichelhaftes Billet, um sie zu trösten, und ihr zugleich für die Sorgfalt zu danken, die sie seit 8 Jahren für die Erzherzoginn bewiesen habe. Dieses Billet begleitete er mit einer Assignation von 100000 Gulden, damit sie künftig in Ruhe und ohne Beschwerden leben könnte. Auch der Erzherzog Franz ließ derselben sagen, daß sie ihm vieles Vergnügen machen würde, wenn sie sich, was sie nur wollte, aus dem Nachlasse seiner Gemahlinn aussuchen wollte. Auch zahlte er alle Pensionen fort, die seine liebenswürdige Gemahlinn ausgesetzt hatte — Dem Feldmarschall Loudon soll der Monarch ein Gut in Ungarn und eins in Böhmen vermacht haben. Dem Burgpfarrer, einem sehr würdigen Manne, setzte er noch eine Zulage bei, von 300 Fl. jährlich und auf Zeitlebens ꝛc.

Während seiner ganzen Krankheit, bei unaussprechlichem Leiden, hatte er beinahe noch immer eben so viel und so eifrig gearbeitet, wie in seinen gesunden Tagen. Noch am 19ten Febr. 1790, that er dieses.

Jetzt ergriff er den Zeitpunkt, noch einige Rosen auf den Altar der Freundschaft zu streuen, ehe er ganz verwelkte.

Er schrieb an seinen getreuen Nestor, den Fürsten Kaunitz, der ihm so eben ein Billet geschickt hatte, in französischer Sprache:

„Lieber Freund! Ich bin von dem Ausdruck
„Ihrer Theilnehmung ganz gerührt; allein was
„kann ich bei den Verhängnissen der Vorsicht
„anders thun, als mich denselben unterwer-
„fen. Was Sie betrifft: empfangen Sie von
„mir die unbegränzte Versicherung der voll-
„kommensten Erkenntlichkeit, der größten Hoch-
„achtung, und des aufrichtigsten Zutrauens,
„die Sie vor allen andern verdienen; und
„seyn Sie versichert, daß es mich unendlich
„schmerzt, wenn ich daran denke, daß ich auß-
„ser Stande bin, länger Ihre Einsichten zu be-
„nutzen. Ich umarme Sie, und empfehle Ihnen
„in diesem gefährlichen Zeitpunkte mein Vater-
„land, das mir so am Herzen liegt."
                                    Joseph.

An den Grafen von Rosenberg schrieb er:

„Mein lieber Graf von Rosenberg! Die
„Freundschaft hat gewöhnlich ihre Gränzen;
„aber die Ihrige giebt sich mir ganz hin. Könnte
                    K   ich

1790. „ich die Welt verlassen, ohne Ihnen vorher noch
„meine ganze Erkenntlichkeit für das zu bewei=
„sen, was Sie für mich gethan haben; für alles
„was Sie bei dieser langen Krankheit gelitten
„haben, während welcher Sie sich ganz aufopfer=
„ten, um mir meine Last tragen zu helfen, und
„mich zu trösten! — Die Weisheit und Vortref=
„lichkeit Ihrer Rathschläge, welche mit Ergeben=
„heit Sie bei jedem Anlasse, bis zum letzten Au=
„genblick, gegen mich bewiesen haben, durchdrin=
„gen mich mit Erkenntlichkeit und Freundschaft.
„Empfangen Sie die Versicherung derselben, und
„glauben Sie, daß das einzige, was ich bey mei=
„nem Austritt aus der Welt bedaure, die kleine
„Anzahl von Freunden ist, die ich verlassen muß,
„und denen ich Ungelegenheit gemacht habe. Le=
„ben Sie also wohl. Ich umarme sie mit freund=
„schaftlichem Herzen. Erinnern Sie sich meiner

Ihres aufrichtigen und em=
pfindungsvollen Freundes
Joseph.

N. S. „Nur meine zitternde Hand hat mich
„verhindert, Ihnen diese Zeilen mit eigner
„Hand zu schreiben."

Der Kaiser hatte, wie schon erwähnt worden, eine gewählte Abendgesellschaft, aus Männern und Weibern gemischt. Die Damen dieses Kränz=chens waren, die ebenfalls schon Genannten: die Fürstinn (nun auch Wittwe) Karl Lichtenstein, die Fürstin Kinsky, Fürstin Klary, und Gräfin Ernst Kaunitz.

An diese Damen schrieb Joseph:

„Mein Ende nahet heran: es ist Zeit, Ihnen
„noch durch diese Zeilen meine ganze Erkennt-
„lichkeit für jene Güte, Politesse, Freundschaft
„und angenehme Freiheit, zu bezeigen, die Sie
„mir während so vieler Jahre, welche Wir in
„Gesellschaft mit einander zugebracht haben, zu
„erweisen und angedeihen zu lassen, die Gewo-
„genheit hatten. Ich bereue keinen Tag: keiner
„war mir zu viel, und dieses Vergnügen mit
„Ihnen umzugehen, ist das einzige verdienstliche
„Opfer, das ich darbringe, indem ich die Welt
„verlasse. Haben Sie die Güte, sich meiner in
„Ihrem Gebet zu erinnern. Ich kann die Gnade
„und unendliche Barmherzigkeit der Vorsehung
„in Ansehung meiner nicht genug mit Dank er-
„kennen; dieses alles ist in derselben vereiniget,
„so, daß ich mit ganzer Resignation meine letzte
„Stunde erwarte. Leben Sie wohl! Sie werden
„meine unleserliche Schrift nicht mehr lesen kön=
„nen. Sie beweiset meinen Zustand."

Joseph.

Was der Monarch etwa sonst noch an andere Vertraute geschrieben haben mag, ist nicht bekannt geworden.

Die arbeitenden Sekretaire blieben den ganzen Tag über bey ihm, und bis um 10 Uhr Nachts. Rosenberg und Lascy machten ihm an diesem letzten seiner Abende noch einen Besuch. Er hatte schon um Mittagszeit eine Anwandlung von Ohn-

1790. macht, ergriff aber sein Riechfläschchen, und ermunterte seine Sinnen. Die Arbeit des Diktirens, Expedirens, Unterschreibens, gieng immer fort. Um 10 Uhr entließ er die Sekretaire und legte sich zu Bette. Den Tag über saß er schon seit einigen Wochen in einem grossen Schlafsessel, oder ging im Zimmer herum spazieren; dabey war er stets angekleidet, trug Stiefeln und einen Frak oder Kapot.

Als er sich niedergelegt hatte, mußte ein Kammerlakai neben seinem Bette wachen. In einem Nebenzimmer ruhten Störk und Brambilla, und ein vor wenigen Tagen zum Beichtvater ernannter Augustiner.

Der Monarch fieng an zu schlummern, phantasirte halb schlafend und halb wachend, von Dingen, die eben jetzt der Gegenstand der allgemeinen Aufmerksamkeit waren; ermunterte sich und sprach dann mit vollem Bewußtseyn; schlummerte und phantasirte wieder, und so dauerte es wechselsweise fort, bis gegen 5 Uhr Morgens am 20sten Februar. Jetzt wurde er vollkommen munter, und fühlte sich doch übel. Er verlangte eine Suppe; man brachte sie, und ließ zugleich die Aerzte in das Zimmer treten. Störk fühlte ihm den Puls, und fand beinahe keinen mehr. Ohne dem Monarchen dieses zu entdecken, sagte er bloß, daß auch der Beichtvater im Nebenzimmer sey, wenn ihn Se. Majestät etwa sprechen wollten. Der Kaiser verstand vermuthlich den Wink, und ließ den Augustiner rufen. Dieser las ihm ganz gelassen aus ihem Erbauungsbuche vor. Joseph wollte von 1790. der gebrachten Suppe etwas nehmen, vermochte es aber nicht mehr. Er sank zurück, hatte etwa fünf Minuten lang Zuckungen, und war vier Minuten nach 5 Uhr Morgens den 20sten Februar 1790 todt. Der Fürst von Dietrichstein, der Graf von Rosenberg und der Erzherzog Franz hatten ihn keinen Augenblick verlassen. — Bestürzung, Schmerz, Mitleid waren nun auf allen Gesichtern. — Ein erschütternder Fall! Man stelle sich einen Hof vor, wo zu gleicher Zeit die Körper eines in dem 49sten Jahre seines Alters verstorbenen Kaisers, und einer 22 jährigen Prinzessinn ausgestellt sind, und dann wird man sich ein Bild von Wien machen können. Mit Recht bejammerte man den Tod eines Fürsten, dessen vortrefliche Eigenschaften selbst Preußens großer Friedrich hochschätzte.

Gleich nach dem Tode des Kaisers verfügte sich der Erzherzog Franz nebst dem Grafen Rosenberg in das Kabinet, wo der Erzherzog den noch schreibenden Kabinetssecretarius, aus dem Kabinet zu gehen befahl, und versiegelte alle Kasten, wo er glaubte, daß Schriften darin seyn, mit eigener Hand, und stellte daselbst die Wache an. Hierauf erließ er an alle Hofstellen ein Handbillet, worin alle Beamte ad interim bestätiget wurden, und sogleich befohlen ward, daß man den Titel: Kaiserlich auslassen, und bis die neuen Wappen gestochen seyn würden, sich der Präsidenten ihrer bedienen sollte. Der geheime Staatsrath übernahm die Regierungsgeschäfte, und der k. Oberst-

1790. hofmister, Fürst von Stahremberg ertheilte die erforderlichen Befehle zur Besorgung des Leichnams, und der Reichshofvizekanzler, Fürst von Colloredo Mansfeld, als Vertreter des hohen Reichserzkanzlers vollzog die Sperrung des Reichshofraths. Auch das Militair, welches gegen den Feind zu Felde war, mußte trauern. Die Offiziere mußten selbst in der Schlachtordnung mit den Trauerzeichen aufmarschiren, die Fahnen konnten jedoch fliegend seyn, mußten aber an der Spitze ein schwarzes Zeichen haben.

Der Kaiser hatte verboten, den Leichnam der Erzherzoginn zu öffnen, auch seinen eigenen verbot er zu öffnen, mit dem Beisatz: „Seine Krankheit sey sichtbar genug gewesen, man würde also durch die Oeffnung des Leichnams nichts weiter lernen."

An demselben Tage, Abends um 7 Uhr, wurde, wie schon gesagt, die Erzherzoginn begraben.

Nach dem Hintritte weil. Sr. Röm. K. K. Apostol. Majestät, wurde der Leichnam in die Feldmarschallsuniform gekleidet, in dem kaiserl. Audienzzimmer auf eine mit schwarzen Tuch bedeckte Stufe gelegt, und dabey ein Krucifix nebst brennenden Wachskerzen aufgestellt. Am Sonntage, den 21. Abends, wurde der höchste Leichnam in den inwendigen mit Goldstoff und auswendig mit schwarzem Sammet und goldenen Borten überzogenen Sarg gelegt, und nach vorläufiger durch den Hof- und Burgpfarrer verrichteten Einsegnung,

nung, von den kaiserl. königl. Kammerdienern un=
ter Begleitung der Edelknaben, welche brennende
Wachsfackeln trugen, einer Anzahl von Leibgar=
den und des hinterlassenen kaiserl. königl. obersten
Kämmerers, wie auch einiger Kammerherren, in
die Hofburgpfarrkirche übertragen, welche ganz
schwarz behangen, und mit kaiserl. königl. Wappen
ausgezieret, und in deren Mitte eine vier Stufen
hohe, prächtig erleuchtete Trauerbühne errichtet
war, auf die nun die Leiche in dem Sarge der öf=
fentlichen Schau ausgestellt wurde. Neben dem
Sarge zu beiden Seiten lagen auf schwarzsammet=
nen Pölstern die Reichskrone sammt dem Zepter
und Reichsapfel, die kaiserl. Hauskrone, die ungarische und böhmische Kronen, der Erzherzogli=
che Hut, die Toison=St. Stephans=Ordensket=
ten, der militairische Marien Theresienorden,
sammt dem auf militarische Art gestülpten Hute
mit Quasten und Kokarde; ferner der Degen, der
Stock und die Handschuhe. Die Feldmarschalluni=
form des Monarchen war weiß, an den Füßen
hatte er Stiefeln mit Sporn, und auf dem Kopf
eine stark gepuderte Perücke. Die Mienen waren
zwar unverändert, aber Gesicht und Körper waren
sehr abgezehrt.

Die drey adelichen Leibgarden hielten dabey
die Wache. Der Sarg war, wie schon gesagt,
mit schwarzem Sammet überzogen, und hatte sechs
massiv silberne Handhaben, um ihn bequem tragen zu können. Das Gesicht lag gegen den Hoch=
altar. Auf diesem und den zwei Seiten=Altä=
ren wurden bis Mittagszeit Messen gelesen, bey
wel=

1792. welchen die Minister, geheimen Räthe und Kämmerer, wie auch vornehme Damen ihr Gebet verrichteten. Des Morgens und Abends wurde von der Hofmusik das Miserere abgesungen. Montags den 22sten, Nachmittags um 3 Uhr, besetzten die Wachen alle die Gassen und Zugänge, wo die Leiche zu passiren hatte. Um 4 Uhr mußte sich alles entfernen. Um 5 Uhr ging der Leichenzug aus der Pfarrkirche der P. P. Augustiner über den Spitalplatz bis an die Kapuzinerkirche in folgender Ordnung: Ein Kommando von der Kavallerie, dann die sämmtlichen Spitalleute, hierauf alle Ordensgeistliche mit brennenden Wachskerzen, die sämmtlichen Pfarrer der Stadt und der Vorstädte, der Stadtmagistrat, die Nieder-Oesterr. Landstände, die Räthe vom Reichshofrath, wie auch von den Hof-und Landesstellen, ohne Beobachtung eines Ranges, alle in Trauerkleidern und schwarzen Mänteln, ferner der hinterlassene Hofstaat, von allen Hofstäben, in der vorgeschriebenen Trauerkleidung, machten die erste Abtheilung des Leichenzuges aus.

Bis diese an die Kapuzinerkirche kamen, hatten sich mittlerweile die hinterlassenen obersten Hofämter, ferner die Ritter des goldenen Vließes, die Großkreuze, Kommandeurs und Ritter des Marien Theresien-Ordens, die geheimen Räthe, Kammerherren und der äußerste Hofstaat, die Damen, endlich der Rektor Magnifikus, und die vier Dechanten der Universität, wie auch das dortige Metropolitankapitel, in der Kapuzinerkirche versammelt. Vom Josephsplatz an bis zu die-

ser

ſer Kirche waren brennende Pechpfannen aufge- 1790. ſtellt, und längs derſelben zu beyden Seiten machte das Militair eine geſchloſſene Reihe. Auf dem neuen Markte paradirte ein Bataillon Infanterie und ein Kommando Kavallerie.

Um 6 Uhr verkündigte das Läuten aller Glocken, daß der Sarg gehoben werden ſollte. In der Burg machte die daſelbſt befindliche Wache mit geſenktem Gewehr Parade, und man hörte die gedämpfte Trauermuſik, die die Umſtehenden zum Weinen brachte. Der Abend war helle, klar, und nicht kalt.

Gleich nach 6 Uhr wurde der Leichnam von dem Trauergerüſte durch kaiſerl. königl. Kammerdiener erhoben, der Sarg verſchloſſen, und von dem Hofburgpfarrer, unter Aſſiſtirung des Hofceremoniarii und der Hofkapläne, und in Beyſeyn der mit brennenden Fackeln verſehenen Edelknaben, der Leibgarden, des oberſten Kämmerers und des oberſten Stallmeiſters, wie auch der anweſenden drey Gardekapitaine, eingeſegnet, und in den mit 6 Pferden beſpannten, ringsumher mit Gläſern verſehenen ſchwarzdrapirten Hofleichenwagen übertragen.

Hierauf ging der weitere Leichenzug über den Joſephsplatz, nebſt den P. P. Auguſtinern vorbey, über den Spitalplatz, in folgender Ordnung zur Kapuzinerkirche: Voraus ritt Kavallerie, dann folgten, 1) zwey Einſpänniger: 2) drey vierſitzige Hofwagen, mit Hofkammerdienern und

K 5   Kam-

Kammerfouriren; 3) ein sechsspänniger Hofwagen, worin die drey anwesende, kaif. königl. Leibgardenkapitaine saßen, und 4) ein zweyter sechsspänniger Hofwagen, mit dem obersten Kämmerer; und dem obersten Stallmeister; hierauf folgten 5) die kaif. königl. Läufer und Leiblakaien in Trauerkleidung; endlich 6) der Leichenwagen mit dem auf Polstern erhaben liegenden Sarge. Zu jeder Seite des Schlags gingen zwey Hoflakaien, dann rechts und links Edelknaben mit brennenden Kerzen, und weiter vorwärts, nächst denselben, die Arcieren und Leibgarden, zu Fuß. Nach dem Leichenwagen folgte 7) die königl. ungarische Leibgarde zu Pferde mit entblößtem Seitengewehre, unter dem Spiele der mit Tuch bedeckten Pauken und gedämpften Trompeten. Den Zug beschlossen 8) eine Kompagnie Grenadiere und ein Kommando von Kavallerie.

Bey Anlangung an der Kirchthüre wurde der Sarg von Hofkammerdienern aus dem Wagen gehoben, und auf die in der Kirche errichtete mit Goldstoff bedeckte Bühne gestellt, allda von dem Wiener Kardinalerzbischofe Migazzy, unter Assistirung mehrerer Bischöfe und der niederösterreichschen Prälaten, mit Würde und Salbung eingesegnet. Sodann übernahmen die Kammerherren den Sarg, und trugen ihn zu der in dieser Kirche befindlichen Erzherzoglichen österreichischen Gruft. Die P. P. Kapuziner Guardiane, übernahmen ihn darauf, und brachten ihn, unter Voraustretung vieler Ordensleute, die mit brennenden Kerzen versehen waren, bis an das eiserne Thor,

wel-

welches (wie bey solchen Fällen gewöhnlich ist) 1790. verschlossen war. Einer von ihnen klopfte an, und der Pater Guardian fragte, wer da sey? — „Der „Leichnam des Durchlauchtigsten Kaisers Jo= „seph des Zweiten." Nach dreimaligem Fragen und dreymaliger Antwort wurde das Thor geöff= net, und der Sarg hineingetragen. Der oberste Hofmeister ließ sodann den Sarg durch einen Kammerfourier eröffnen, und zeigte den anwesen= den P. P. Kapuzinern den Leichnam, welcher hier von dem Kardinal=Erzbischof zum letztenmal ein= gesegnet worden war. Nach Eröffnung des Sar= ges verlas der Pater Guardian, den auf eine Rol= le geschriebenen Titel des Monarchen, und legte solche im Sarg zu den Füssen des Leichnams. Die andere übernahm der Oberhofmeister, die dritte wird bey Hofe aufbewahrt, und die vierte gehört den ehrwürdigen Augustinern. Nachdem hierauf der Pater Guardian des Klosters feier= lichst die beste Obsorge angelobt hatte, wurde der Sarg verschlossen, und ihm einer der beyden Schlüssel übergeben. Auf diese Weise war die feierlichste Zeremonie vollbracht.

Am folgenden Tage nahmen in der Hofkirche der Augustiner in der Stadt die Todtenvigilien den Anfang, zu welcher Feierlichkeit die Kirche, nach Angabe des Hofarchitektes, von Hohenberg, folgendermaßen eingerichtet war: in der Mitte stand ein sechs und zwanzig Schuh hohes Trauer= gerüst. Ueber solches hing ein schwarzsammet= ner Prachthimmel, der mit Gold besetzt, und auf den vier Eckspitzen mit kaiserlichen Adlern versehen

war,

1790. war, mit so vielen herablaufenden schwarz untermengten ausgebreiteten Goldstoffen. Auf dem Trauergerüste stand ein Sarg, worauf nebst dem Kruzifix auf reichen Küssen die Reichsinsignien und Kleinodien, sammt der Reichs-Ungarischen-Böhmischen-und der Hauskrone, wie auch der österreichsche Erzherzogenhut, und die Ordenszeichen, der Feldmarschallsstab, Hut, Degen, und die Schärpe lagen. Auf den 8 Stufen des Gerüstes, welches reich geziert und ringsumher mit kaiserl. königl. Wappen behangen war, standen 372 silberne Leuchter, und an den vier Ecken Piramiden, jede mit 72 Wachskerzen besteckt. Die ganze Kirche war durchaus schwarz behangen, mit 80 Wand- und Spiegelleuchtern, zwischen welchen auch Wappen eingetheilt waren, und mit 45 Lustern versehen. Der Hochaltar war mit dem reichgestickten Kreuztuche ganz überzogen, und mit den kais. königl. Trauerwappen geziert. Ueberhaupt brannten 1700 Wachslichter.

Er starb als ein Weiser und als ein Christ! — Als der Monarch, wie schon gesagt, am 13ten Febr. das Abendmahl einpfing, betete er: „Herr,
„ der du allein mein Herz kennest, dich rufe ich
„ zum Zeugen an, daß ich alles, was ich unter-
„ nahm und befahl, aus keinen andern Absichten,
„ als zum Wohl und Besten meiner Unterthanen
„ meinte; dein Wille geschehe!" — Kurz vor seinem Ende, als man mit ihm aus seinem Gebetbuche betete, sagte er: „Nun ist's genug! Dies
„ Gebetbuch werde ich auch nicht mehr brauchen,
„ ich schenke es Ihnen, (zum Beichtvater) behal-
„ten

„ten Sie es zum Andenken. Jetzt beten Sie mir
„ vor: In deine Hände, o Herr, befehle ich
„ meinen Geist!" Seine Sinne schwanden, und
nach zehn Minuten war er todt.

1790.

Sein Testament war ein redender Zug seines
orginellen Karakters. Es bestand aus sechs Zeilen, und enthielt nichts anders, als daß Joseph
seinen Bruder Peter Leopold, zum Universalerben erklärte.

Als Kodicill war beigelegt: Seine Sekretaire, und diejenigen Hofleute, welche unmittelbar
seine Person bedient haben, sollten lebenslänglich ihren ganzen Gehalt fort genießen.

Politische Lage des österreichischen Staats, bei Josephs des Zweiten Absterben.

Bei Josephs Geburt war der österreichische
Staat bekanntlich in einer sehr gefährlichen Lage.
Theresiens Muth und Klugheit, die von ihren
Unterthanen erworbene Liebe, und die innerlichen
Kräfte der Monarchie selbst, halfen jene verderbendrohenden Wolken zerstäuben.

Von dieser Zeit an wuchs der Staat zu jener
Macht, Höhe und Stärke hinan, die ihn gegenwärtig in der politischen Welt auszeichnet.

Nicht zufrieden mit dieser Verfassung, wollte
Kaiser Joseph seine Länder noch weiter emporheben.

1790.ben. Er nahm sich vor, den Satz in Erfüllung zu bringen, welchen schon zu Anfang dieses Jahrhunderts ein weithinaussehender Mann zum Titel eines kleinen Buchs gewählt hatte: „Oesterreich „ über alles, wenn es nur will."

Seine Absichten waren unbezweifelt groß und gut und schön. Daß er die Sache nicht durchaus von der rechten Seite angriff, nicht immer die schicklichsten Leute und Mittel dazu wählte; Dieses scheint der widrige Erfolg bewiesen zu haben, welcher zwar im Auge des Weisen den Werth oder Unwerth großer Unternehmungen nicht entscheidet, aber bei dem großen Haufen, und selbst im praktischen Weltlauf vollgültiger Beweis ist. Auch lag der benachbarten Welt zu viel daran, die Realisirung jenes Satzes zu hemmen, als daß sie das Ihrige nicht hätte dazu beitragen sollen, Josephs Plane scheitern zu machen.

Wirklich scheiterten auch die meisten derselben; und selbst der größte Bewunderer Josephs kann nicht umhin, zu gestehen: der rastlose Kaiser habe die Sachen auf einen Punkt getrieben, daß sich der österreichische Staat bei seinem Absterben in einer noch gefährlichern Lage befand, als bei seiner Geburt.

Der Türkenkrieg war noch in vollem Gange. Freilich hatte der zweite Feldzug selbst die kühnsten Wünsche der Patrioten befriediget. Indessen war es doch immer ein Krieg mit einem sehr mächtigen Feinde; ein Krieg, der schon gewaltige Summen

men von Menschen und Gelde gekostet hatte, und 1790.
dessen Ende noch nicht abzusehen war.

Eben dieser Krieg drohte dem Beherrscher
Oesterreichs noch einen andern, nicht minder hef-
tigen und kostbaren Krieg auf den Hals zu ziehen.
Schon gegen Ende des Jahres 1789 hatten die politischen Angelegenheiten mit den nördlichen
Nachbarn eine Wendung genommen, daß der
Kaiser nöthig fand, selbst in den ersten Winter-
tagen des Jahres 1790 aus dem tiefsten Ungarn
und Kroatien, Armeen nach Böhmen, Mähren
und Gallizien zu schicken.

Dies war die Lage von außen. — — Von
innen zeigte sich ebenfalls wenig tröstliches.

Die Niederlande hatten die Empörung auf
das Aeußerste getrieben; hatten die Truppen des
Kaisers in das Luxenburgische zurückgedrängt;
hatten sich für einen ganz freien Staat erklärt.

Ungarn und Tyrol hatte eine Sprache geführt,
welche den Kaiser in die Nothwendigkeit versetzte,
mit Einem Federstrich alles niederzuschlagen, was
er während seiner Regierung gebauet hatte. —
War es gegründetes Mißvergnügen, war es Ver-
gehung von außen und von innen, war es das
böse Beyspiel anderer Länder und Provinzen?
Genug, es half die Verwirrung vergrößern.

In Böhmen, Mähren, Gallizien, und in den
teutschen Provinzen, waren die Stände über die

ein-

1790. eingeführte neue Steuerregulirung; über den Verlust mancher alten Feudal-Vorrechte, im hohen Grade unzufrieden. Das Volk klagte über die durch den Krieg entstandene allgemeine Theurung, und die wegen des Krieges eingeführten außerordentlichen Auflagen.

In der That, seit Jahrhunderten war der politische Himmel Oesterreichs nicht so stürmisch gewesen.

Und in eben diesem Zeitpunkte lag Joseph, von der schmerzlichsten, aller Menschenhülfe trozenden Krankheit auf das Sterbebette hingestreckt, jede Minute seine Auslöschung erwartend.

Ich wiederhole mich, wenn ich hier von neuem erinnere, daß die ersten und die letzten Tage Josephs trübe und voll Widerwärtigkeiten waren. Aber sehr wahr, und sehr auffallend bleibt der Umstand ohne Widerrede.

Daß Joseph der Zweite wirklich geliebt wurde, beweiset auch folgende Stelle eines Schreibens eines zu Preßburg befindlichen deutschen Offiziers, vom 12ten Februar, das nicht zur öffentlichen Bekanntmachung bestimmt war, und mir von einem Gönner mitgetheilt wurde:

„ In diesem Augenblicke heißt es, daß un-
„ ser angebeteter, unser guter Monarch dem
„ Tode nahe sey. O Gott! wie leid ist mir

„ um Ihn! ich habe Ihn geliebt wie meinen
„ wirklichen Vater. Sie sollen sehen, wie
„ Ihn alles beweint. Alle Lustbarkeiten sind
„ eingestellt, und das Hochwürdige ist ausge-
„ setzt. Das Wehklagen, das brünstige Ge-
„ bet für seine Erhaltung kann ich nicht be-
„ schreiben. Sogar die kleinen Kinder auf
„ den Straßen rufen: O Gott! erhalte uns
„ doch unsern guten Kaiser Joseph! Meine
„ Augen sind voll Thränen, und die Feder
„ entfällt mir. Könnte ich doch mit meinem
„ Leben den guten Kaiser retten!" ꝛc.

Anfangs Februar machte der Monarch dem Erzherzog Franz einen goldenen Degen mit dem Beisatz zum Geschenk: „Diesen Degen um so
„ mehr zu schätzen, als in demselben eine Klinge
„ eingestoßen sey, welche von einem berühmten
„ Helden aus dem Hause Lothringen herrühre."

Der Muth und die Heiterkeit, die der Kaiser während seiner Krankheit bis auf den letzten Augenblick zeigte, ist gewiß ohne Beispiel. Am 6ten Februar ließ er den Staatsreferendair zu sich rufen, und ihn neben sich sitzen. Dann zog er unter dem Papier, auf welchem er einen Brief an den Großherzog zu schreiben, im Begriff war, ein Blättchen mit den Worten hervor: „Sehet
„ Sie hier mein Todesurtheil. Lesen Sie es, und
„ dann wollen wir weiter reden." — Es war das Gutachten der Aerzte, die seine Lebensfrist nur

1790. noch höchstens auf drei Wochen bestimmten. Dann endigte er das Schreiben an den Großherzog, legte das Gutachten demselben bei, expedirte den Kourier nach Florenz, und sprach zwei Stunden lang von seinem nahen Ende mit einer Gelassenheit und Heiterkeit, als wäre blos die Rede von einer kleinen Reise.

Noch kurz vor seinem Ableben sicherte der Kaiser seinem Augenarzte, dem berühmten Professor von Barth, eine lebenslängliche Pension von 1000 Fl. jährlich zu, unter der alleinigen Bedingung, daß er den Professor von Ehrenritter bei der Universität, und den Professor Schmidt bei der K. K. Josephinischen Akademie der Chirurgen in Wien, zu vollkommenen Augenärzten ausbilde.

Noch am 16ten Februar schickte der Kaiser dem Fürsten Kaunitz den Entwurf eines Briefs zu, und verlangte darüber die Meinung des Fürsten zu wissen. Dieser antwortete: daß der Aufsatz ein Meisterstück, sowohl in Betreff des wesentlichen Inhalts, als auch des Augenblicks sey, in welchem er diktirt worden. „Geruhen Sie," fügte er hinzu, „die Thränen Ihres ergebensten Dieners allergnädigst aufzunehmen." — Der Kaiser schrieb ihm hierauf:

„Mein

„Mein lieber Freund!
„Gerührt über Ihre Ausdrücke, was kann
„ich zu den Rathschlüssen der Vorsehung sa-
„gen, als mich selbigen unterwerfen. Was
„Sie betrifft, so empfangen Sie die ganze
„Versicherung der höchsten Achtung und des
„wahresten Zutrauens, welches Sie über al-
„les verdienen, und glauben Sie, daß es mir
„nicht wenig koste, denken zu müssen, daß ich
„Ihrer Einsichten nicht mehr genieße. Ich
„umarme Sie, und empfehle Ihnen in die-
„sen gefährlichen Augenblicken mein Vater-
„land, welches mir so sehr am Herzen liegt."

Der General-Feldmarschall Haddik hat seinen Tod bei dem Krankenbette Josephs geholt;
denn als Se. Majestät beym Abschiednehmen
ihm noch die Hand drückten, so überfiel ihn
ein Schauer, der ihn zwang, sich gleich nach
seiner Nachhausekunft zu Bette zu legen, worauf er am 12ten März seinen Geist aufgab.

1790. Auf den Tod Kaiser Joseph des Zweiten.

(Von einem biedern Deutschen.)

Er ist entschlummert,
Der Sterbliche,
Zu den Unsterblichen;
Joseph der Zweyte,
Der Deutschen Kaiser,
Der Vorurtheile Bekämpfer,
Des Sklavenstandes Befreier,
Der Held in Gefahren,
Und dennoch
Von seinen Völkern verkannt;
Dem Herzen=Erforscher
Besser bekannt.
Für eine Hemisphäre zu groß,
Ueberfliegt er nun beide
Und sucht jenseits der Urnen
Elysische Ruhe.
In der Waagschale
Des Richters gewogen,
Ueberwiegt seine Krone
Drei Kronen der Erde;
Und alle Himmel feiern
In harmonischen Jubeln
Dem neuen Bürger.
Germania! traure,
Völker, die ihr seyd Deutsche,
Segnet noch seine Asche
In stillen Gebeten.

E N D E.

Register.

über alle fünf Theile.

Erster Theil.

Seite

Leben Joseph des Zweiten vom Jahr seiner
  Geburt 1741 an. 1
Joseph der Zweite sperrt die Wege, auf denen
  man sich bisher zuweilen Ehrenstellen er-
  schlich. 12
Er schränkt die Oekonomie selbst bei Hofe ein. 13
Auch in der größten Gefahr zeigt sich Joseph
  II. als Menschenfreund und Wohlthäter. 15
Joseph des Zweiten Reise nach Italien, . 17
Beweis von Vaterlandsliebe. 23
Selbst der barbarische Feind gesteht die Wahr-
  heit, wenn er sieht und fühlet. . . 24
Auch unter einem geringen Kleide liegt zuwei-
  len ein großmüthiges Herz verborgen. . 24
Ein Beyspiel zur wünschenswerthen Nachah-
  mung aller Fürsten. 26
Die Vorsicht erhält den, der andere zu er-
  halten sucht. 28
Joseph II. ist Vater, und stillt den Hunger
  seiner Kinder in der Theurung. . . 29

Register.

Seite.

Joseph der Zweite ist gerecht. 37
Joseph der Zweite war wider in Todesgefahr. 38
Treue Leute mag Joseph der Zweite gern leiden 38
Auch die Thränen des untersten Unterthans
 trocknet Joseph der Zweite. 39
Joseph ist edel gesonnen, und weiß daher
 Edelmuth zu belohnen. 40
Die leidende Unschuld wird belohnt. . . 41
Joseph der Zweite ist gerecht, ohne Anse-
 hen der Person. 42
Joseph der Zweite ist kein Freund der Weich-
 lichkeit. . . . 48
Joseph der Zweite achtet nicht auf die Geburt,
 sondern auf die Tugend. 50
Joseph der II. ist ein Menschenfreund. . . 50
Joseph der Zweite ist in Lebensgefahr. . . 51
Joseph der Zweite ist ohne Stolz. . . . 51
Joseph der Zweite wagt sein Leben auch für
 einen einzelnen seiner Unterthanen. . . 52
So gut wie Joseph der Zweite ist, so strenge
 ist er auch, wenn es die Gerechtigkeit erfo-
 dert, aber auch bei dieser Strenge ist es
 Joseph der Zweite — Zeigt die ihm ei-
 gene Art zu handeln. 53
Joseph der Zweite ist mitleidig und gerecht
 gegen die Unschuld. 55
Joseph der Zweite ist großmüthig, und weiß
 auch die Tugenden an seinen Feinden zu
 ehren. 57
Joseph der Zweite wird ein Arzt. . . . 61

Jo-

Register.

Seite.

Joseph des Zweiten Reise nach Frankreich. . 63
Joseph der Zweite weiß überall, und zu jeder
  Zeit Gerechtigkeit zu handhaben, und
  Wohlthaten auszuspenden. 70
Joseph der Zweite trägt sehr viel Liebe zur
  Gelehrsamkeit, und zu den Gelehrten, de-
  ren erhabener Beschützer und Beförderer zu
  seyn er sich zur grossen Ehre macht. . . 71
Der Patriotismus von Joseph des Zweiten
  Unterthanen, für und zu ihrem Kaiser,
  geht fast bis zur Ausschweifung über. . 73
Joseph der Zweite ist ganz ohne Stolz. . 73
Joseph des Zweiten unvergeßlicher Dank und
  nimmer verlöschende Liebe gegen seinen
  Lehrer. 75
Joseph der Zweite ist kein Weichling. . . 76
Joseph dem Zweiten ist's eine große Freude,
  Wohlthaten an rechten Mann zu bringen,
  und am meisten freut's ihn, wenn er dabey,
  seinem Range nach, wenigstens im Ange-
  sicht, unerkannt bleibt. 73
Joseph der Zweite ist kein gemeiner oder klei-
  ner Kenner von Kunstwerken, so wie fast in
  allen Fächern der Gelehrsamkeit. . . . 88
Joseph der Zweite beweist, wie niedrige Be-
  gegnung, bestehende Selbstwürde in keinem
  Falle beleidigen könne, und zeigt die
  Art, wie eingebildeter Stolz, auf die beste
  Weise durch sich selbst erniedriget und be-
  schämt werde. 97

Register.

Seite.

Joseph der Zweite schätzt das Verdienst ohne
Partheilichkeit und Ansehen der Person;
lobt und vertheidiget es, wo er es findet,
und das verachtete und verlassene Talent,
die verfolgte Unschuld, die gekränkte Recht=
schaffenheit, die leidende und weinende Tu=
gend, hat an ihm einen Aufmunterer, einen
Vertreter, einen Beschützer, einen Tröster. 102
Joseph II kann eben so wenig das allzuviel
Glänzende leiden, als immer in Gemäch=
lichkeit sich wiegen. 114
Gereiste und erfahrne Leute mag Joseph der
Zweite gern um sich haben, und sich zur
Vermehrung seiner Wissenschaften mit ih=
nen unterhalten. 115
Joseph II. reist, Kenntnisse zu sammeln,
und nicht um die Zeit zu vertändeln. . 117
Keine von den vortrefflichen Eigenschaften
eines liebenswürdigen Karakters verlas=
sen Joseph den Zweiten, und auch in ent=
fernten Zonen seines Hofs, sind Menschen=
freundlichkeit und Mitleid — zu nächst
bey ihm. 118
Neue Beweise, daß Joseph reiset, um Kennt=
nisse zu sammeln, und nicht bei rauschen=
den Lustbarkeiten die Zeit zu vertändeln,
oder bei wenig den Geist füllender Gesell=
schaft — zu vergähnen. 119
Joseph II. achtet keine Strapazen. . . 132

Auch

Register.

Seite.

Auch gegen seine Feinde im Kriege zeigt sich
Joseph der Zweite als wohlthätiger Fürst
und Freund. 133
Joseph der II. schätzt und erkennt Patriotis=
mus ohne Ansehen der Person. . . 132
Eine neue Reise Joseph des Zweiten nach
Rußland. 136
Joseph der II. läßt kein gerechtes Verdienst
unbelohnt 141
Joseph der II. belohnt Verdienste. . . 147
Anekdote, die den ausgebreiteten Kenntnissen
Joseph des Zweiten sehr zur Ehre gereichet. 148
Auch die unschuldigst scheinende Verstellung
konnte Joseph der Zweite nicht leiden. . 149
Joseph der II. läßt überall Proben seiner her=
ablassenden Volksliebe zurück. . . 150
Neue Beweise, wie Joseph der II. Verdienste
belohnt. 151
Joseph der Zweite will nicht immer (um all=
zugroßen Pomp zu vermeiden) erkannt seyn 153
Joseph der II. ist seinen Unterthanen Vater
und Freund — dies tönen nicht nur seine
eigene Worte, sondern seine Handlungen
bestättigen es auch 155
Zu Joseph dem Zweiten steht immer die Thü=
re offen, wie zu einem Freunde, mit glei=
cher Zuversicht in Erwartungen. . . 157
Joseph der II. versäumt keine Gelegenheit, das
Schicksal seiner Untergebenen zu verbessern 158
Joseph der II. hält streng auf die Ausübung

Register.

Seite.

der Pflichten, weil er nie die seinen vernachläßiget; und auf deren schnelle und pünktliche richtige Ausübung hält er viel. 159

Das eigene große Bewußtseyn — ist Joseph des Zweiten hinlängliche Wache und Brustharnisch 160

Joseph II vergießt keinen erwiesenen Dienst sowohl in Rücksicht seiner als eines andern 160

Joseph II. ist ein Menschenfreund, weil er das größte Vergnügen darin findet, selbst Mensch zu seyn. 162

Allzugroße Ehrenbezeigungen liebt Joseph der Zweite eben nicht, sondern sucht oft solche (die ihm doch in der That gebühren) mehr von sich zu entfernen. 162

Joseph der II. beweiset die Richtigkeit der Anmerkung Voltair's, welcher sagt, daß die guten Fürsten niemals glauben, daß sie so sehr geliebet werden, als sie wirklich geliebt sind. 163

Joseph des II. Kleidung ist die gewöhnliche eines Menschenforschers und er ist der größte 164

Ein großes kaiserliches Kompliment, das vor einem Joseph dem Zweiten gesprochen, noch doppelt über seinen Werth gebührt. . 165

Joseph ist immer wohlthätig, jede Gelegenheit nützt er dazu. 165

Joseph der II. will kein Störer des Vergnügens seyn. 166

Jos

Register.

Seite.

Joseph der Zweite ist von seinem Volke sehr geliebt und geschätzt; alles wendet er an, ihm Beweise davon zu geben. . . . 180

Zweyter Theil.

Joseph II. Achtung und Belohnung wahrer Verdienste. 11
Beispiel vom Aufkommen der Künste in den österreichischen Staaten unter Joseph II. 14
Auch ausländisches Verdienst belohnt Joseph II. 15
Für die Münzgeschichte und Medaillenliebhaber unter Joseph II. Regierung. . . 16
Wirkung von Joseph II. Güte. . . . 17
Joseph der Zweite ist deutscher Kaiser, und will, wenn er deutsch fraget, auch deutsch beantwortet seyn. 18
Gute Wirkungen von Joseph des Zweiten geschaffener Toleranz. 18
Joseph der Zweite kann eben so wenig eine Beleidigung an andern gut heissen als an sich selbst. 20
Unterthanen Liebe zu Joseph dem Zweiten. 21
Joseph II. belohnt immer Verdienste auf die gefälligste Weise. 26
Joseph des Zweiten Reise nach Ungarn. . 28

Register.

Seite.

Joseph des II. Belohnung gelehrter Verdienste. 31
Von Joseph des II. Reise und insonderheit seiner Anwesenheit zu Temeswar. Eine Szene, welche vor vielen andern aufbehalten zu werden verdient. 31
Joseph der II. will wahre Verdienste auch auf die Nachwelt gebracht wissen. . . 33
Joseph der II. belohnt Verdienste immer mit Rücksichtnehmung auf Stand und Person. 34
Einige Lieblingsartikel von Joseph, dem Gerechten und Menschenfreund, (diese Anekboten sind so wahr als herrlich.) . . 35
Joseph II. Schätzung und Belohnung wahrer Verdienste. 38
Joseph II. ein wahrer Wohlthäter auch für seine ärmern Unterthanen. . . . 38
Joseph des Zweiten Reise nach Florenz. . 39
Joseph der II ist unerschrocken und fürchtet nichts, weil er nie Handlungen begehet, die eine Befürchtung nach sich ziehen könnten, und ungerechte zu vernichten weiß. . 52
Joseph der Zweite ist gerecht. . . . 62
Toleranz und Intoleranz. 63
Aufklärung unter allen Volksklassen in Joseph des Zweiten Staaten. 71
Wiederkunft Joseph des II. von seiner italienischen Reise. 73
Joseph der Zweite bleibt ein ächter Verehrer der katholischen Religion; nur das Uibertriebene und Schwärmerische gefällt ihm nicht. 80
Josephs Belohnungsliebe edler Thaten. . 81

Bei-

Register.

Seite.

Beispiele von Joseph des Zweiten großmüthiger Auszeichnung langbewährter Treue, und gemessener Belohnung wahrer Verdienste. 93
Joseph der Zweite befand sich in Lebensgefahr, aber Deutschlands Genius schützte seinen großen Liebling. 95
Joseph der Zweite schätzt Edelheit sehr, und belohnt sie, weil er selber edel ist. 99
Joseph der II. ist ein Menschenfreund. 101
Joseph der Zweite belohnt gern und freiwillig wahres Verdienst, aber er will nicht zu Belohnungen und Gnadenbezeugungen gezwungen seyn. 103
Joseph der Zweite ist in allem — Beispiel. 106
Schöner Schluß des Monaths März mit Joseph II. Wohlthätigkeit. 107
Joseph des Zweiten Adlerblikke entgeht nichts. 109
Joseph der Zweite liebt die Gerechtigkeit, weil er selbst gerecht handelt. 114
Joseph des II. kostbares Leben war in Gefahr, aber der gute Schutzengel seiner Entschlossenheit erhielt es mitten durch die Gefahr hindurch. 118
Schönes Beispiel von Toleranz und Bruderliebe. 119
Eine edle Handlung erweckt die andere, und wird auch edelmüthig belohnt. 120
Nützliche Stiftung. 124
Schönes Beispiel durch Joseph des II. Vorantritt bewirkt. 127

Register.

Seite.

Herrlicher Schluß des Monaths September durch Joseph des Zweiten Gerechtigkeitsliebe. 128

Joseph der Zweite hasset, verabscheuet und bestrafet nach aller Strenge die Verläumdung. 131

Joseph der Zweite schützt Unschuld mit Gerechtigkeit. 136

Joseph des Zweiten Belohnung wahrer Verdienste 138

Streitigkeiten zwischen Oesterreich und Holland. 142

Joseph des Zweiten Beispiel in Verehrung der Religion. 157

Auch durch Strafen stiftet Joseph der II. Wohlthaten. 158

Oesterreichs Gelehrte werden auch auswärts gesucht. Fremde, von denen man's nicht vermuthen sollte, kommen nach Wien, um zu lernen. 159

Beispiele der Gerechtigkeit Joseph des Zweiten. 160

Joseph des Zweiten Achtung für die Künste jeder Art. 165

Anekdote von Joseph dem Zweiten, die hart lassen kann, aber doch gerecht ist, und für den Staat nützlich war 170

Joseph des Zweiten Gerechtigkeit. . . 175

Register.

Dritter Theil.

Seite.

Neue Erfindung unter Joseph des Zweiten
   Regierung. 6
Naturbegebenheit. 17
Erklärende Anmerkung, die unfehlbar vielen
   von meinen Lesern angenehm seyn wird. . 20
Merkwürdige Naturerscheinung . . . 27
(Aus dem Briefe eines Reisenden aus Prag) 42
Merkwürdige Naturerscheinung. . . . 61
Neue Erfindung. 103
Reise des römischen Kaisers und der rußi-
   schen Kaiserinn nach Cherson.
Russische und Türkische Angelegenheiten. 105
Historisch-politische Uebersicht des Jahrs
   1787. 120
Natur-Ereigniß. 151
Neue Erfindung 153
Neue Entdeckung. 155
Umständlicher Bericht von der feierlichen
   holsteinischen Belehnung. 179
Auszug eines Schreibens aus Brüßel. . 185
Muster von Kriegsgebethen. 186
Neue Erfindung. 211
Vollständige Beschreibung der Vermählungs-
   feier des Erzherzogs Franz von Toskana

mit

Register.

Seite.

mit der Prinzeſſinn Eliſabeth von Würtemberg. 216

Vierter Theil.

Neue Erfindung. 16
Beiſpiel von Treue gegen Joſeph II. . 20
Generalpardon. 25
Schreiben eines Reiſenden von Trieſt. . 27
Beitrag zur Aufklärungsgeſchichte in Böh-
   men. 30
Joſeph der Zweite war gerecht. . . . 46
Einige Züge von Haſſan Paſcha türkiſchen
   Großadmiral. 52
Erklärung der gräulichen Geſchichte, in Be-
   treff des Baſſa von Scutari. . . . 67
Zeugniß von Achtung der Feinde gegen Jo-
   ſeph und ſeine Krieger. 116
Neue Beweiſe von der Achtung des Feindes
   gegen Joſeph. 118
So reizt Regentenbeiſpiel auf die Herzen
   der Untergebenen. 119
Joſeph II. iſt leutſelig und gnädig. . 133
Joſeph läßt kein Verdienſt unbelohnt. . 140
Joſeph II. kennt keine Rache. . . . 143
Joſeph der Zweite nebſt ſeinem erhabenen
   Neffen in Lebensgefahr. 148

Ach-

Register.

Seite.

Achtung Joseph II. selbst bey dem roheſten
Feinde. 155
Joseph II. belohnt Verdienſt und edle
Thaten. 157
Vertheilung der k. k. Armee durch den
178ſten Winter. 161
Beweis von der Liebe der Unterthanen gegen
ihren Beherrſcher. Joſeph. 185
Ueber den öſterreichiſchen Thalerhandel nach
der Türkey. 186
Joseph ein Freund der Armen. 189
Chronodiſtichon zum neuen Jahrswunſch. 198

Fünfter Theil.

Neue nützliche Erfindung unter Joseph II.
Regierung. 5
Joseph II belohnte Verdienſte nach Würde
reichlich. 9
Auszug eines Schreibens über die Verfaßung
Wiens, von einem auf Reiſen befindli-
chen Freunde. 21
Joseph II. wollte nicht fremden, so wenig
wie seinen Unterthanen schaden. . . 37
Von der Lebensart des kränkelnden Monar-
chen. 38

Feld=

Register

	Seite.
Feldlager bey Gerlitschny am Millow in der türkischen Wallachey.	55
Joseph II. belohnt Verdienste.	65
Unterthanen-Liebe.	70
Neue Erstadung.	73
Joseph des Zweiten Reise nach der Krimm.	74
Joseph des Zweiten erster Feldzug gegen die Türken.	79
Joseph des Zweiten zweiter Feldzug gegen die Türken.	92
Gewaltsame Empörung in den Niederlanden.	102
Joseph des Zweiten Krankheit.	108
Joseph II. setzt einen neuen Konferenzrath ein. — Sein Abschied von der Armee.	112
Vernichtung aller Anstalten Josephs in Ungarn und Tyrol.	114
Josephs des Zweiten Regierungsart, große Plane und Oekonomie,	120
Joseph des Zweiten Temperament, Gemüthsart, Leidenschaften, seine Vergnügungen, sein gesellschaftlicher Charakter.	126
Tod der Erzherzoginn Elisabeth.	133
Joseph des Zweiten Krankheit auf dem höchsten Punkte. Geschenke an seine Kabinetsbeamte und Dienerschaft — Abschied von seinen Freunden — Seine letzte Nacht — Leichenzug — Testament.	137
Politische Lage des österreichischen Staates bei Joseph des Zweiten Absterben.	157
Auf den Tod Kaiser Joseph des Zweiten.	164

www.ingramcontent.com/pod-product-compliance
Lightning Source LLC
Chambersburg PA
CBHW020254170426
43202CB00008B/361